세종 대왕, 세계 최고의 문자를 발명하다

교과서에 실린 〈푸른책들·보물창고〉의 동화, 함께 읽어 보세요!

꿀 독에 빠진 여우 안선모 창작동화
행복한 비밀 하나 박성배 동화집
세종 대왕, 세계 최고의 문자를 발명하다 이은서 역사동화
우리 조상들은 얼마나 책을 좋아했을까? 마술연필 역사동화
빨간 머리 앤 루시 모드 몽고메리 장편동화

역사를 바꾼 인물들 4
세종 대왕, 세계 최고의 문자를 발명하다

초판 1쇄 2014년 10월 9일 | **초판 8쇄** 2023년 5월 30일
지은이 이은서
그린이 김지연
펴낸이 신형건
펴낸곳 (주)푸른책들·**임프린트** 보물창고
등록 제321-2008-00155호
주소 서울특별시 서초구 양재천로7길 16 푸르니빌딩 (우)06754
전화 02-581-0334~5 | **팩스** 02-582-0648
이메일 prooni@prooni.com | **홈페이지** www.prooni.com
인스타그램 @proonibook | **블로그** blog.naver.com/proonibook

ⓒ (주)푸른책들, 2014

ISBN 978-89-6170-459-5 74990

＊잘못된 책은 구입한 곳에서 바꾸어 드립니다.
＊이 책 내용의 일부 또는 전부를 재사용하려면 반드시 저작권자와
(주)푸른책들 양측의 서면 동의를 얻어야 합니다.

이 도서의 국립중앙도서관 출판시도서목록(CIP)은 서지정보유통지원시스템 홈페이지(http://seoji.nl.go.kr)와
국가자료공동목록시스템(http://www.nl.go.kr/kolisnet)에서 이용하실 수 있습니다.
(CIP제어번호 : CIP2014025682)

보물창고는 (주)푸른책들의 유아, 어린이, 청소년 도서 임프린트입니다.

초록우산 어린이재단 (주)푸른책들은 도서 판매 수익금의 일부를 초록우산 어린이재단에 기부하여 어린이들을 위한 사랑 나눔에 동참합니다.

세종 대왕,
세계 최고의 문자를 발명하다

이은서 글 | 김지연 그림

보물창고

■ 글쓴이의 말

백성을 위해 문자를 선물한 세종 대왕

　세종 대왕의 원래 이름은 '이도'예요. '세종'이라고 불리기 시작한 것은 그가 세상을 떠난 뒤의 일이지요. 세종이라는 이름 뒤에 붙은 '종'은 덕망이 높은 임금에게 바치던 호칭이랍니다. 그만큼 후대의 왕과 백성들이 세종 대왕을 존경했다는 뜻이지요.

　그렇다면 백성들은 어떤 이유로 그를 세종 대왕이라고 부른 걸까요? 세종 대왕은 조선의 역사를 통틀어, 아니 우리나라 역사를 통틀어 백성을 가장 아끼고 사랑한 임금이었어요. 세종 대왕의 마음속엔 늘 힘없고 가엾은 백성들이 있었지요.

　세종 대왕은 어찌하면 그들의 고단함을 조금이라도 덜어 줄 수 있을까 고민하며 백성들의 삶을 직접 눈으로 살피고, 아무리 천한 계층의 사람이라도 마음껏 재능을 발휘할 수 있도록 기회를 주었어요. 또한 우리 땅에 맞는 농사법을 알리기 위해 직접 똥지게를 짊어지고 농사를 짓는가 하면, 바로 앞에 앉은 사람도 잘 보지 못할 정도로 깊은 병환을 안고서도 새 문자를 만들기 위해 밤을 지새웠어요.

이 같은 노력 덕분에 세종 대왕이 조선을 다스리던 시대에는 극심한 가뭄 속에서도 굶어 죽는 백성이 거의 없었다고 해요. 조선의 과학과 문화가 찬란하게 꽃핀 것은 물론이고 어지럽던 국방도 안정을 되찾을 수 있었지요. 또한 역사상 가장 위대한 문자인 '훈민정음'도 창제되었답니다.

자, 어린이 독자 여러분! 세종 대왕이 얼마나 백성을 사랑했는지, 백성을 위해 어떠한 노력을 기울였는지 알아볼 준비가 되었나요? 우리 함께 세종 대왕을 만나러 조선의 역사 속으로 떠나 보아요.

－2014년 가을, 이은서

차례

충녕을 세자로 책봉하노라! · 9

천하디 천해도 나의 백성 · 18

국방의 중요성을 깨닫다 · 26

인재를 나라의 보물로 여기다 · 33

백성을 위한 과학 · 42

무용지물이 된 책 · 52

새 문자를 꿈꾸다 · 61

여진족을 정벌하다 · 71

훈민정음의 탄생 · 82

훈민정음을 반포하다 · 88

글쓴이의 말 · 4
역사인물 돋보기 · 103

충녕을 세자로 책봉하노라!

"전하, 충녕 대군께서 며칠 밤낮을 책만 읽고 계시나이다. 건강을 해치실까 염려되옵니다."

"뭐라? 저녁때만이라도 책을 멀리하라 일렀거늘……."

태종은 충녕이 머무는 거처로 걸음을 옮겼습니다.

방문을 열자 퀴퀴하고 오래된 책 냄새가 코를 찔렀습니다. 방에는 온갖 책들이 발 디딜 틈 없이 수북하게 쌓여 있었습니다. 충녕은 그 안에서 아픈 몸을 하고도 책을 읽고 있었습니다.

"아바마마, 이곳까지 어인 일이시옵니까?"

충녕이 서둘러 책을 덮고 자리에서 일어났습니다. 푸석

한 얼굴에 쑥 들어간 눈을 보자 태종은 마음이 편치 않았습니다. 그러잖아도 충녕은 하루 종일 책상에 앉아 책을 읽는 통에 시력이 나빠진 건 물론이고 건강도 좋지 않았습니다.

"뭣들 하고 있느냐! 문이란 문은 모조리 열어 방 안을 환기시키고, 여기에 있는 책들을 싹 치워라!"

태종의 말이 떨어지기 무섭게 내관*들이 재빨리 방으로 들어와 책을 한 아름씩 안고 나갔습니다. 충녕은 바짝바짝 애가 탔습니다.

'아, 내 귀한 보물들······.'

충녕은 지독한 책벌레였습니다. 궐 안에 있는 책 중에 충녕이 읽지 않은 것이 없을 정도였습니다. 그냥 눈으로만 글자를 보는 게 아니라 읽고 또 읽어 그 의미를 완전히 제 것으로 만들었습니다. 밥을 먹을 때에도 밥상 한쪽에 책을 펴 놓을 정도였지요.

충녕은 아버지인 태종이 왜 이렇게 화를 내는지 누구보

---

*임금의 시중을 드는 관리.

다 잘 알고 있었습니다. 사람들은 태종이 권력을 위해서라면 형제도 단칼에 베어 버리는 잔인한 사람이라고 수군댔습니다. 하지만 태종은 충녕과 충녕의 형제들에게만큼은 여느 아버지와 다름없이 인자하고 다정했습니다.

"충녕아……."

"예, 아바마마."

"일찍이 네 할바마마께서는 우리 가문이 무예에만 출중하다는 사람들의 선입견 때문에 힘들어하셨단다. 오죽하면 내가 문과에 급제하자 눈물까지 흘리셨지."

태종은 그때의 감격이 다시 떠올라 흐뭇하게 웃었습니다.

"나는 너를 통해 할바마마의 마음을 알게 되었단다. 아니지, 아니야. 네가 나에게 주는 기쁨은 그에 비할 바가 아니지……."

"과찬이시옵니다, 아바마마."

충녕의 얼굴이 발그레 물들었습니다. 태종이 그런 충녕의 손을 어루만졌습니다. 작고 도톰하던 손이 어느새 훌쩍 자라 자신의 손과 비슷했습니다.

"하지만 나는 한 나라의 임금이기 이전에 아비이니라. 내 아들이 건강을 해쳐 가면서까지 글을 읽는 건 원치 않아."

충녕이 고개를 떨구었습니다. 아버지에게 힘이 되어도 모자랄 판에 걱정을 끼친 게 죄송했습니다.

'세자가 충녕의 반만이라도 본받으면 얼마나 좋을꼬…….'

태종이 이런 걱정을 하는 데는 다 이유가 있었습니다. 태종과 원경 왕후 사이에는 세 아들이 있었습니다. 첫째가 양녕, 둘째가 효령, 셋째가 충녕이었지요. 막내 성녕도 있었지만 일찍 세상을 떠나고 말았습니다.

태종은 아들들이 자신처럼 왕권을 놓고 서로에게 칼을 겨누게 하고 싶지 않았습니다. 그래서 효령과 충녕이 다른 마음을 먹지 못하도록 일찍이 첫째인 양녕을 세자로 책봉한 것입니다.

양녕은 얼굴도 잘생기고 키도 훤칠해서 겉으로 봐서는 군주로서 부족함이 없었습니다. 조선을 건국한 할아버지 태조와 아버지 태종을 닮아 활쏘기와 말타기, 사냥에도 빼어났습니다. 하지만 손에서 책을 놓지 않는 충녕과 달리, 양녕은 공부에 영 마음을 붙이지 못했습니다. 세자라면 반드시 받아야 할 수업도 빼먹기 일쑤였지요.

그때마다 태종은 양녕의 마음을 바로잡기 위해 너그럽게 달래기도 하고, 엄하게 다그치기도 했습니다. 양녕은 늘 두 번 다시 그러지 않겠다며 용서를 구했지만 그의 모난 성정은 변하지 않았습니다. 날이 갈수록 양녕의 행동은 거침이 없었습니다.

"전하, 세자께서 궐 안으로 기생들을 불러들여 술판을 벌이고 계시다 하옵니다."

"전하, 세자께서 '어리'라는 여자를 데리고 들어와 살림을 차리셨다 하옵니다."

"전하, 어리가 세자 저하의 아이를 낳았다 하옵니다."

태종은 화가 머리끝까지 치밀었습니다.

'혼례를 치렀기는 하나, 아직 세자의 나이가 어리지 않은가? 어릴 적부터 내가 잘 돌봤어야 했거늘, 나랏일에만 신경 쓰느라 제대로 가르치지 못했구나. 세자를 탓하기 전에 나의 잘못이 크다.'

태종은 다시 한 번 양녕을 믿고 잘 타일러 돌려보냈습니다.

하지만 이런 태종의 마음을 바꾼 결정적 사건이 터지고 말았습니다. 눈물까지 뚝뚝 흘리며 잘못을 빌던 양녕이 자신의 속마음을 담은 편지를 태종에게 보낸 것입니다.

아바마마! 소자, 이제 스무 살 넘은 성인이옵니다.
아바마마께서 여러 후궁을 거느리는 것이나, 이미 성인인 제가 여러 여자들을 사랑하는 것이나 다를 게 없는데 어찌하여 저를 나무라시는지 도무지 알 수가 없사옵니다.

"이, 이런 불효막심한 놈을 보았나!"
태종은 화가 난 나머지 손을 부들부들 떨었습니다. 이번에는 도저히 그냥 넘어갈 수 없었습니다. 태종은 신하들을 불러 세자의 편지를 돌려 읽게 하였습니다.
"전하, 당장 세자를 폐하셔야 하옵니다."
"그러하옵니다. 세자는 반성은커녕 온갖 악행을 저지

르고 있사옵니다. 이런 세자에게 어찌 보위를 물려주겠나이까? 결코 아니 될 일이옵니다. 통촉하여 주시옵소서!"

"통촉하여 주시옵소서!"

신하들이 바닥에 엎드려 한목소리로 외쳤습니다. 잠자코 이야기를 듣고 있던 태종이 무겁게 입을 열었습니다.

"그렇다면…… 누구를 세자로 정하면 좋을지 말해 보라."

"양녕 대군의 아들을 세자로 세우심이 어떠하시옵니까?"

"아니 되옵니다. 양녕 대군의 아들은 이제 겨우 다섯 살이옵니다."

"양녕 대군의 아우인 효령 대군은 어떻사옵니까?"

"아니 되옵니다. 효령 대군은 천성이 부드럽고 조용한 사람이옵니다. 정치나 권력과는 어울리지 않사옵니다."

신하들의 의견이 팽팽했습니다. 그때 태종이 가슴 깊숙한 곳에 자리 잡고 있던 말을 꺼냈습니다.

"충녕이 어떠한가? 충녕은 어질고 총명하며, 무엇보다 학문을 사랑한다. 국가에 큰일이 생겼을 때마다 해박한

지식으로 문제를 해결한 건 경들도 잘 알지 않는가?"

신하들이 바닥에 엎드린 채 서로의 눈치를 살폈습니다. 그들이 생각하기에도 충녕은 세자로서 부족함이 없었습니다.

"과인은 여태껏 장자에게 국왕의 자리를 물려주는 것이 순리라고 생각했다. 하지만 그 순리보다 중요한 것이 있다. 바로 나라를 잘 다스릴 수 있는 능력을 갖춘 이에게 왕위를 물려줘야 한다는 것이다. 하여 과인은 충녕을 세자로 삼고자 한다."

"성은이 망극하옵나이다!"

신하들이 큰 소리로 외쳤습니다. 이렇게 해서 태종의 셋째 아들인 충녕이 세자로 책봉되었습니다. 훗날 세종대왕이 될 어린 세자가 바로 충녕이었습니다.

천하디 천해도 나의 백성

 충녕은 세자가 된 지 두 달 만에 왕위를 물려받았습니다. 아직 세자로서 익혀야 할 것들이 수두룩한데 금세 한 나라의 임금이 된 것입니다.
 "아바마마! 부디 뜻을 거두어 주십시오. 소자는 왕위를 이을 자격이 없사옵니다!"
 충녕은 태종의 뜻을 거듭 사양했습니다. 신하들 역시 큰 소리로 울며 태종의 결정에 반대했습니다. 조정의 신하들 역시 태종이 충녕에게 서둘러 왕위를 물려준 뜻을 헤아리지 못했습니다. 태종의 나이가 아직 쉰둘밖에 안 된데다, 특별히 아픈 곳도 없었기 때문입니다. 충녕과 신하들의 마음을 짐작이라도 한 듯 태종이 말했습니다.

"충녕에게 군왕의 자리를 물려주되, 충녕이 서른이 될 때까지는 군사와 관련된 나라의 중대사를 과인이 결정할 것이오."

그리하여 태종은 충녕을 왕위에 올리고, 자신은 상왕*으로 물러났습니다. 조선 왕조에서 스스로 상왕에 앉은 왕은 태종이 처음이었습니다. 다들 새 왕의 힘에 쫓겨나다시피 상왕에 나앉았지요. 말만 상왕이지 그야말로 허수아비 왕에 지나지 않았던 것입니다.

그러나 태종은 달랐습니다. 태종은 상왕으로 물러나면서도 국가 권력의 가장 큰 축인 군사권만은 놓지 않았습니다. 여러 신하들로부터 자신과 세종을 보호하면서 동시에 왕이 갖춰야 할 덕목을 길러 주기 위해서였습니다.

"자식을 생각하는 마음이 어찌 저리 깊을까……."

"암, 상왕 전하야말로 정말 대단한 정치가야!"

태종의 뜻을 이해한 신하들은 입에 침이 마르게 감탄했

---

*자리를 물려주고 들어앉은 임금.

습니다. 그러나 임금이 된 충녕, 아니 세종은 걱정이 이만저만이 아니었습니다.

'아직 왕으로서 아무것도 갖추지 못했는데, 어찌한단 말인가…….'

마음에 걸리는 건 이뿐만이 아니었습니다. 양녕 형님과 효령 형님을 떠올리면 가슴에 무거운 바윗덩이를 얹은 것 같았습니다. 양녕 형님은 14년이나 세자로 있다가 하루아침에 궐 밖으로 쫓겨났습니다. 효령 형님은 자신보다 어린 동생에게 세자 자리를 양보해야만 했습니다. 누구보다 형들을 따르고 좋아했던 세종은 마음이 몹시 아팠습니다. 하지만 언제까지고 괴로워할 수는 없었습니다. 세종에게는 이제 책임져야 할 백성들이 있습니다.

'나는 앞으로 어떤 군주가 되어야 할까? 내가 만들고자 하는 조선은 과연 어떤 나라인가…….'

세종은 스스로에게 묻고 또 물었습니다. 그러나 궁 안에서 아무리 발버둥 쳐 봐야 해답은 나오지 않았습니다.

"내관은 들어라. 내일 궐 밖에 나갈 터이니 채비를 해 두어라."

"전하, 어인 연유로 행차하려 하십니까?"

"백성들이 어떻게 살고 있는지 내 눈으로 직접 보아야겠다."

"그럼, 어가를 준비하겠나이다."

"아니다. 잠행을 할 터이니 어느 누구에게도 발설치 말라."

세종은 제 눈으로 직접 백성들을 보아야 겠다고 생각했습니다. 신하들은 언제나 백성들이 태평성대를 누린다고 답할 뿐 민생의 참 모습을 고해 긁어 부스럼을 만들고 싶어 하지 않았습니다.

날이 밝자 허름한 옷으로 갈아입은 세종은 호위 무사와 함께 궁궐을 빠져나왔습니다. 궁궐에서 얼마 떨어지지 않은 농가에 다다랐을 때 세종은 경악을 금치 못했습니다. 차마 눈 뜨고 볼 수 없는 광경이었습니다. 찌는 듯한 가뭄에 논밭은 쩍쩍 갈라지고, 곡식들은 바짝 타들어가 멀쩡한 땅이 한 군데도 없었습니다.

'어찌 이 지경이 되도록 까맣게 몰랐단 말인가…….'

세종의 눈가가 붉게 물들었습니다.

궐에서 멀어질수록 사정은 더욱 나빠졌습니다. 가뭄도 모자라 돌림병까지 덮쳐 이 마을 저 마을에서 통곡 소리가 끊이지 않았습니다. 굶주리고 병들어 죽은 이들이 거적에 덮인 채 길바닥에 아무렇게나 버려져 있었습니다. 어딜 가든 사람들의 한숨과 탄식이 끊이질 않았습니다.

"빌어먹을! 대체 주상인지 밥상인지는 뭘 하고 있는 거야?"

"하늘보다 높으신 분이 우리 같은 천것들에게 관심이

있겠나? 흉년이 들든 말든 세금만 걷으면 그만인 게지. 우리는 버러지만도 못한 목숨 아닌가."

"아니, 임금이란 게 대체 뭐야! 백성의 어버이가 임금 아냐? 백성을 먹여 살리는 게 임금 아니냐고!"

사람들이 한바탕 욕지거리를 하며 바닥에 침을 퉤 뱉었습니다. 그 모습을 지켜보던 호위 무사가 당장이라도 칼을 빼들려 했습니다.

"됐다. 그만 궁궐로 돌아가자."

"하오나 전하!"

"틀린 말 하나 없지 않느냐……."

세종은 발길을 돌려 궁궐로 향했습니다.

궁궐에 도착한 세종은 관아의 곡식 창고를 모조리 열어 가뭄으로 굶주리는 백성들에게 식량을 나눠 주라 명했습니다. 가난한 백성들의 세금을 줄이라는 명도 빼놓지 않았습니다. 또한 길에 버려진 송장들을 거두어 성심을 다해 장사를 치러 주고, 부모를 잃고 떠도는 아이들은 제생원*에 보내 정성껏 돌보라고 당부하였습니다.

"모두 과인이 부덕하여 생긴 일이니 그대들에게 책임을 묻지 않을 것이오. 그러나 이 일의 진행 과정을 수시로 보고하는 것은 물론이고, 보고에 한 치의 거짓도 있어서는 아니 될 것이오."

그날 밤 세종은 쉽게 잠을 이룰 수가 없었습니다. 낮에 보았던 백성들의 모습이 자꾸만 눈에 아른거렸습니다. 백성들의 말 한마디 한마디가 날카로운 칼날이 되어 가슴을 후벼 팠습니다.

---

*조선 시대의 서민 의료 기관. 미아를 보호하는 일도 맡음.

"후우······."

세종은 하늘을 올려다보았습니다. 검은 장막이 드리운 세종의 마음과는 달리 밤하늘에는 수많은 별들이 반짝이고 있었습니다.

'나도 저 별들처럼 백성들의 어두운 삶을 밝혀 주는 임금이 되어야 할 텐데······.'

세종은 오랫동안 별을 바라보았습니다.

'그래, 하늘의 별을 보듯 백성을 우러러보고, 백성의 목소리에 귀 기울이는 임금이 되어야지. 온 마음과 힘을 다해 양반부터 백정까지 모두 잘 사는 나라를 만들어야지. 천하디 천한 사람도 모두 나의 백성 아닌가. 그게 내가 되고자 하는 군주의 모습이요, 내가 꿈꾸는 조선의 모습일터······.'

비록 아무것도 갖추지 못한 부족한 군주였지만, 세종은 앞으로 어떤 군주가 되어야 할지 또렷이 알 것 같았습니다. 세종은 그제야 처소인 강녕전으로 발길을 돌렸습니다. 어슴푸레하던 어둠이 가시고 새날이 밝아 오고 있었습니다.

국방의 중요성을 깨닫다

세종이 왕위에 오른 1419년의 일입니다.

"전하, 큰일 났사옵니다! 왜놈들이 비인현* 도두음곶에 쳐들어와 우리 전함을 모두 불사르고 군사들을 죽였다 하옵니다."

며칠 뒤 다시 보고가 날아들었습니다.

"왜놈들이 황해도 해주 연평곶으로 몰려가 식량을 마구 빼앗고, 백성들을 잡아 가두며 행패를 부리고 있다 하옵니다."

---

*충남 서천.

하루가 멀다 하고 남쪽의 왜구와 북쪽의 여진족들이 조선 땅에 침입했습니다. 그중 왜구들이 큰 무리를 이끌고 조선의 해안을 습격할 때면 백성들은 꼼짝없이 당해야만 했습니다. 왜구들은 식량만 빼앗는 게 아니었습니다. 온 마을에 불을 질러 잿더미로 만드는가 하면, 부녀자와 젊은 여자들을 겁탈하고 닥치는 대로 납치했습니다. 그렇게 납치한 사람들은 종으로 부리거나 돈을 받고 일본과 만주 지역으로 팔아넘겼습니다. 태종은 급히 신하들을 불러 회의를 열었습니다.

"경들도 잘 알다시피 왜놈들이 우리 조선을 제집 드나들 듯하며 농락하고 있다. 어찌하면 저들의 침략을 뿌리 뽑을 수 있을지 경들의 생각을 말해 보라."

신하들은 태종의 말에 서로 눈치만 살폈습니다. 뾰족한 수를 내놓는 사람은 아무도 없었습니다.

"쯧쯧……. 주상의 생각은 어떤가?"

"예, 상왕 전하. 우리나라는 비록 전함은 있으나 그 수가 적고 방어가 허술하옵니다. 차라리 이참에 전함을 모두 없애고 군사들을 육지에 집중 배치하는 것이 좋을 듯

하옵니다."

세종의 말이 끝나자마자 신하들이 득달같이 일어나 목소리를 높였습니다.

"전함을 없애다니요! 가당찮습니다. 우리 조선은 삼 면이 바다로 둘러싸여 있는 데다 일본과 무척 가깝습니다. 해전을 포기한다면 해안의 백성들은 물론 조선 전체를 내어 주는 것이나 다름이 없사옵니다."

세종은 얼굴이 뜨거웠습니다. 신하들이 자신의 의견에 반대해서가 아니었습니다. 미처 그들만큼도 생각을 못했기 때문입니다. 고개를 끄덕이며 이야기를 듣던 태종이 말했습니다.

"대마도는 본래 우리 땅인데 왜놈들을 머물게 해 주었다. 그런데 왜놈들은 그 은혜도 모르고 비인현에 쳐들어와 전함에 불을 지르는가 하면 온갖 만행을 일삼고 있다. 더 이상 두고 봐서는 안 될 일이다."

태종이 몸을 곧추세우고는 힘주어 말했습니다.

"왜놈들이 아직 해주에서 대마도로 돌아오기 전이니, 이때를 노려 놈들의 소굴인 대마도를 쳐라!"

"상왕 전하, 너무 위험한 일이옵니다. 대마도는 파도가 거센 데다 우리 군사들은 한 번도 대마도에 가 보지 못했사옵니다."

"예, 그보다는 적이 돌아오는 길목에서 기다렸다가 공격하는 게 낫사옵니다."

"제 생각은 다르옵니다."

대제학 조말생이 말했습니다.

"대마도를 쳐서 적들의 처자식을 잡아 오되, 일부는 견내량*에서 기다리다 적들이 돌아올 때 요격하는 게 가장 좋은 방법이라 여겨지옵니다."

"나도 조말생과 같은 생각이다. 그렇다면 누구를 대마도로 보내야 하겠는가?"

태종은 자신의 생각을 확고히 밀어붙였습니다.

대마도를 정벌하는 데는 이종무 장군이 적임자라는 의견이 모아졌습니다. 이종무 장군은 태조 이성계 시절부터 온갖 전투를 승리로 이끈 이름난 장수였습니다. 태종은

---

*거제도 앞바다.

이종무를 대마도 정벌의 총지휘관으로 임명하고, 만 칠천여 명의 병사와 227척의 전함을 대마도로 보냈습니다.

태종의 전략은 꼭 맞아떨어졌습니다. 조선의 전함이 대마도에 도착하자 왜인들은 아군이 돌아온 줄 알고 뛸 듯이 기뻐하였습니다. 그러다 조선 군이라는 사실을 알아채고는 넋을 잃고 산과 들로 줄행랑을 쳤습니다. 조선 군은 그들을 끝까지 뒤쫓아 백여 명이 넘는 왜인들을 단칼에 베어 버렸습니다. 또한 쓸 만한 배 20척을 빼고 나머지는 모두 불태웠습니다. 포로로 잡혀 있던 조선인과 중국인도 구출했습니다. 그야말로 조선의 대승이었습니다.

세종은 대마도 정벌을 통해 큰 깨달음을 얻었습니다.

'백성들이 편히 살려면 무엇보다 국방이 튼튼해야 해. 아바마마는 훌륭한 무인답게 그 어떤 신하들도 생각지 못한 방법을 떠올리셨고, 신하들의 반대에도 불구하고 결단력 있게 밀어붙이셨어. 이번 대마도 정벌은 순전히 아바마마가 계셨기에 가능한 일이었어. 아, 이제야 아바마마가 왜 군사권을 쥐고 계셨는지 알 것도 같다.'

날이 밝자 세종은 병법서란 병법서는 모조리 구해 오라 일렀습니다. 어떻게 군사를 지휘해야 효과적으로 전쟁에서 이길 수 있는지 배우기 위해서였습니다. 또한 명나라와 일본에 은밀히 염탐꾼을 보내 그곳에 어떤 신무기들이 있는지 조사했습니다.

'왜놈들을 무찌르긴 했지만, 그들이 언제 다시 쳐들어올지 모른다. 명나라와 여진족 역시 우리 땅을 호시탐탐 노리고 있지 않은가. 창과 활만으로는 조선의 국방을 튼튼히 하기 어렵다. 우리만의 신무기가 필요하다!'

세종은 만일을 대비해 화약과 화포 같은 새로운 무기를 꾸준히 개발하였습니다. 이것은 훗날 세종이 북쪽의 여진족을 정벌할 때 큰 도움이 되었습니다.

인재를 나라의 보물로 여기다

"아바마마…… 뜰에 철쭉이 피었습니다. 향이 얼마나 은은한지 모릅니다. 하루빨리 쾌차하셔서 소자와 함께 산책하셔야지요."

세종이 아버지의 이마에 돋은 땀방울을 닦았습니다. 태종이 중풍으로 자리에 누운 지 벌써 여러 날이 지났건만 병세는 좀처럼 나아지지 않았습니다.

그동안 세종은 아버지의 병을 치료하기 위해 의학 책을 꼼꼼히 읽는가 하면, 귀한 약재를 어렵게 구해 직접 탕약을 달이기도 했습니다. 나랏일을 본 뒤에는 하루도 빠짐없이 태종의 곁을 지키고 앉아 정성껏 간호했습니다.

"도야……."

"아바마마! 이제 정신이 드시옵니까?"

세종이 태종의 손을 꼭 잡았습니다. 억세던 손아귀는 힘이 하나도 없고 손등에는 뼈만 앙상하게 남아 있었습니다. 세종은 눈물을 꾹 참았습니다.

"나는 이제 명이 다한 것 같구나……."

"어찌 그런 말씀을 하십니까? 어서 기운을 차리세요. 저는 아직 아바마마께 배울 것이 많사옵니다."

"나는 네가 있어 편안히 눈을 감을 수 있을 것 같구나……."

태종이 세종의 손을 어루만졌습니다.

"조선을, 우리 백성을 잘 부탁한다."

"아, 아바마마!"

1422년 5월, 태종은 세종의 탄식을 뒤로하고 영영 눈을 감았습니다. 아버지를 떠나보내고 세종은 며칠 동안 잠도 자지 않고 물 한 방울도 입에 대지 않았습니다. 아버지가 곁에 없다는 사실이 도저히 믿기지 않았습니다. 신하들의 걱정은 이만저만이 아니었습니다.

"전하, 부디 애통한 마음을 거두시고 옥체를 돌보소서. 자식으로서 몸을 상하게 하는 것 또한 크나큰 불효이옵니다."

"그렇사옵니다. 돌아가신 상왕께서 전하의 모습을 본다면 얼마나 가슴이 아프시겠나이까……."

'그래, 아바마마가 내 모습을 보신다면 눈물을 흘리고 또 흘리실 게야…….'

세종은 애써 마음을 다잡았습니다.

'일어나야지. 힘을 내야지……. 아바마마가 안 계시는 만큼 눈과 귀를 크게 열어 백성들의 삶을 살피고 신하들의 말을 귀담아 들어야지. 아바마마와 할바마마가 세운 조선을 굳건하게 다져야지.'

세종은 가장 먼저 무엇을 해야 할지 고심했습니다.

'나라를 잘 다스리려면 무엇보다 우수한 인재가 필요해.'

조선은 인재가 매우 부족했습니다. 고려가 멸망하고 조선이 세워지자, 고려를 섬기던 옛 신하들은 두문동이라는 고을에 숨어 살며 조선의 관직에 발을 들이지 않았습니다.

"여봐라! 덕망 높고 행동이 바르며, 자질이 뛰어난 선비 열 명을 뽑도록 하여라."

1420년 3월, 세종은 집현전을 부활시켰습니다. 집현전은 궁궐 안에 설치된 학문 연구 기관입니다. 고려 때 세워졌지만, 명맥만 이어 가며 그 역할을 제대로 못하고 있었습니다.

세종은 젊고 유능한 집현전 학사들에게 유교 경전과 역사를 연구하게 하였습니다. 또한 임금과 신하가 한자리에 모여 학문과 정치에 대해 토론하는 경연을 주관하게 했습니다. 세종이 어찌나 열심히 경연에 참여하는지, 학사들은 밤낮을 가리지 않고 공부해야 했습니다.

하지만 신하들은 경연에서도 입을 꾹 다물기 일쑤였습니다. 혹시라도 입바른 소리를 했다가 벼슬에서 쫓겨나거나 목숨을 잃을지도 모른다고 여겼기 때문입니다.

"국가가 안정을 찾고 백성이 잘살려면 무엇보다 현실을 제대로 알아야 하오. 그러려면 우선 여기 모인 경들이 자신의 생각을 숨김없이 말해야 하오. 옳고 그름에 대한 생각은 없고, 그저 임금의 뜻이 어디에 있는지만 살피는 신하가 되어서는 안 된단 말이오. 또한 여러 사람의 의견에 무조건 휩쓸리는 줏대 없는 신하가 되어서도 아니 될 노릇이오. 무슨 말인지 아시겠소?"

"예, 전하. 명심 또 명심하겠나이다."

세종은 어떤 경우든 신하들의 입장에서 말을 듣고, 신하들의 생각을 존중했습니다. 자신과 반대되는 생각을 가진 신하라 해도 끊임없이 설득하고 의논하였습니다. 덕분에 집현전은 그야말로 뜨거운 토론의 장이 되었습니다.

세종은 집현전 학사들을 극진히 아꼈습니다. 학사들이 공부에만 열중할 수 있도록 집현전을 전담하는 노비를 두고, 내관이 직접 생선이며 고기, 갖가지 과일이 오른 풍성한 밥상을 챙기게 했습니다. 그뿐만이 아닙니다. 궁궐의 도서관인 장서각에서 자유롭게 책을 보게 하는 것은 물론이고, '사가독서제'라는 독서 휴가를 주기도 했습니다. 사가독서제는 모든 업무를 면제받고 집과 절을 오가며 여유롭게 책을 읽는 휴가를 말합니다.

그러던 어느 날의 일입니다.

"내관은 집현전에 들러 누가 있는지 알아보고 오너라."

늦은 밤, 책을 읽고 있던 세종은 문득 집현전 학사들이 무엇을 하고 있는지 궁금했습니다.

"신숙주가 촛불을 켜 놓고 글을 읽고 있사옵니다."

신숙주는 문장이 뛰어나기로 소문난 젊은 학사였습니다.

세종은 매우 흐뭇했습니다.

"신숙주가 언제까지 책을 읽는지 살펴보도록 하라."

신숙주는 잠잘 생각도 않고 책 읽기에 푹 빠져 있었습니다. 새벽 무렵에야 내관이 다시 아뢰었습니다.

"서너 번이나 가서 봤지만 글 읽기를 끝내지 않다가, 새벽닭이 울자 비로소 책상에 엎드려 잠이 들었사옵니다."

세종은 그 말에 흐뭇하게 미소 지었습니다. 이윽고 세종은 조용히 집현전을 찾아가 자신의 담비 가죽 외투를 벗어 신숙주에게 덮어 주고 나왔습니다.

다음날 아침, 잠에서 깨어난 신숙주는 깜짝 놀랐습니다. 자신의 등에 임금의 옷이 덮여 있었기 때문입니다.

이 일은 곧 집현전 학사들 사이에 파다하게 퍼졌습니다. 세종이 얼마나 학사들을 아끼고 사랑하는지 알게 된 그들은 더욱 열심히 학문을 연구하였습니다.

세종은 인재들을 선별하는 일에도 공을 들였습니다.

"신분이 가장 낮은 천인이라도 공경의 대상이 될 수 있다. 능력만 있다면 신분의 높고 낮음을 떠나 모두 등용하라. 또한 역적의 편에 가깝다는 이유로 버려지고 배제된 인재들 역시 차별을 두지 말고 발굴하도록 하라."

이렇게 선출된 인재들 중 대표적인 인물이 바로 장영실입니다. 장영실의 아버지는 원나라 사람으로 조선에 귀화한 사람이었고, 어머니는 동래현 관청에 속한 기생이었습니다. 조선은 아버지가 양반이라 하더라도 어머니가 천한 신분이면 자식 또한 천민 신세를 벗어날 수 없었습니다. 장영실 역시 어린 시절 어머니의 신분에 따라 관청의 노비로 지냈습니다.

어릴 때부터 손재주가 뛰어났던 장영실은 동래 현감의 추천으로 궁궐 기술자가 되었습니다. 하지만 노비 신분이라는 이유로 궁궐 관리들은 그에게 허드렛일만 시켰습니다.

　일찍이 장영실의 재주를 알아본 세종은 이 점을 무척 안타깝게 여겼습니다. 그래서 장영실을 명나라로 보내 그곳의 과학 기술과 선진 문물을 꼼꼼히 배워 오라 일렀습니다. 당시 조선에서 천한 노비를 명나라에 보낸다는 것은 매우 드문 일이었습니다. 신하들의 반대에도 불구하고 세종은 장영실의 재주를 믿고 그가 마음껏 뜻을 펼칠 수 있도록 지지해 주었습니다.

　이렇듯 세종은 신분에 관계없이 인재를 발굴하고, 한번 뽑은 인재에 대해서는 털끝만큼도 의심하지 않았습니다. 또한 그 사람의 나쁜 점부터 보지 않고, 좋은 점과 재능부터 살폈습니다. 그러한 세종의 보살핌에 보답하기 위해 집현전 학사들과 신하들은 더욱 노력하였습니다.

백성을 위한 과학

어느 날 세종이 장영실을 불러 말하였습니다.

"과인은 유학만큼 중요한 학문이 바로 과학이라고 생각하오."

장영실이 깜짝 놀라 세종을 올려다보았습니다.

"예? 무슨 말씀이시옵니까?"

당시 조선 사람들은 과학을 중요하게 여기지 않았습니다. 장인이나 기술자들 역시 천대받기 일쑤였지요. 그런 과학이 조선 최고의 학문인 유학만큼 중요하다니, 장영실은 어리둥절할 뿐이었습니다.

"백성들의 배를 부르게 하고, 그들의 생활이 편해지려면 무엇보다 과학이 발달해야 하오. 백성들의 삶이 넉넉해지면 나라 또한 자연히 발전하는 것이오. 내 일찍이 그대를 명나라로 보낸 것도 과학을 중요하게 생각했기 때문이오."

세종이 장영실을 지그시 바라보았습니다.

"내 그대에게 특별히 부탁할 것이 있소."

"무엇이든 하명하시옵소서, 전하."

"백성들을 위한 표준 시계를 만들어 주시오."

"표준 시계라 하오시면……."

"백성들에게 정확한 시간을 알려 주는 시계를 만들어 달란 말이오. 그대도 알다시피 지금은 사람이 직접 물시계의 눈금을 보고 종을 쳐서 시간을 알려 주고 있소. 그러다 보니 때를 놓치거나 시간을 잘못 읽는 경우가 허다하오. 그대가 물시계의 단점을 보완해 새로운 시계를 만들어 주시오."

"소신, 명을 받들겠나이다."

장영실이 깊이 머리를 조아렸습니다. 장영실은 명나라에서 보았던 시계들을 떠올리며 표준 시계를 발명하는 데 오랜 시간을 보냈습니다.

장영실이 실패를 거듭하자 신하들은 세종에게 장영실을 힐난하는 상소를 올렸습니다.

"장영실이 물시계를 제작한다는 핑계로 귀한 나랏돈을 흥청망청 쓰고 있사옵니다."

"벌써 몇 해째 결과물을 내놓지 못하고 있사옵니다!"

"당장 장영실을 잡아들여 엄히 벌하셔야 하옵니다."

 신하들은 천한 노비 신분으로 궁궐에 들어온 것도 모자라 세종에게 두터운 신임까지 받고 있는 장영실이 영 못마땅했습니다. 하지만 신하들의 갖은 모함에도 장영실을 향한 세종의 마음은 조금도 변하지 않았습니다.

"일을 맡겼으면 의심하지 말고 믿고 기다리는 것 또한 임금이 할 일이오. 아니 그렇소?"

 세종의 말에 신하들은 더 이상 아무 말도 못했습니다. 말 한마디 한마디가 모두 옳았기 때문입니다.

 1434년, 장영실은 세종의 믿음에 보답이라도 하듯 종전의 어떤 시계보다도 정교한 물시계를 발명했습니다. 10년 가까이 연구한 끝에 이룬 값진 성과였습니다.

"이게 바로 그대가 만든 물시계란 말인가?"

웅장하고 정교한 시계를 보자 세종은 이루 말할 수 없을 정도로 기뻤습니다.

"어떻게 시간을 알려 주는지 어서 빨리 설명을 해 보게."

"예, 전하. 여기 왼쪽에 설치된 큰 항아리에 물을 부으면 그 물이 아래의 작은 항아리를 걸쳐 원통으로 흘러들어 가옵니다. 그럼 원통에 있던 잣대가 점점 위로 올라가 지렛대를 건드려 쇠 구슬을 떨어뜨리지요. 그 쇠 구슬이 인형을 건드리면 시·경·점에 따라 나무로 된 인형이 종과 북, 징을 치는 것이옵니다."

"인형이 자동으로 시간을 알려 준다?"

"그렇사옵니다. 또한 종이 울릴 때마다 여기 이 구멍 속에서 십이지신이 하나씩 튀어나와 시간을 알려 주옵니다. 이제는 사람이 직접 눈금을 읽지 않아도 각각의 소리와 인형을 통해 시간을 알 수 있사옵니다."

장영실의 설명이 끝나자마자 정말로 목각 인형 하나가 나와 종을 쳤고, 그와 동시에 네모난 구멍 속에서 십이지신 인형이 튀어나왔습니다. 십이지신은 두 손에 시각이 적힌 자그마한 패를 들고 있었습니다.

"아하하, 이렇게 신기한 발명품을 보았나! 앞을 못 보는 이는 소리를 듣고, 귀가 들리지 않는 이는 인형을 보고 시간을 알 수 있으니, 이것이야말로 낮은 백성까지 두루 살펴 만든 훌륭한 시계요!"

세종이 껄껄 웃었습니다.

"내 이것을 자동으로 시간을 알려 주는 물시계라는 뜻으로 '자격루'라고 부르겠다. 여봐라, 이제부터 자격루를 조선의 표준 시계로 삼거라!"

세종은 궁궐에서 성대한 잔치를 베풀었습니다. 장영실에게는 정4품의 호군 벼슬도 내렸습니다. 그동안 장영실을 시기하던 신하들은 자격루가 작동하는 모습을 보고는 감탄을 금치 못했습니다.

"마치 도깨비에 홀린 기분이라네. 저리 복잡한 걸 사람이 만들었다니 두 눈으로 보고 있어도 믿어지지 않아."

"자격루를 만든 장영실도 대단하고, 그를 알아본 전하 역시 정말 대단하시군!"

세종은 자격루를 아낀 나머지 경회루 연못 남쪽에 보루각을 짓고 그 안에 자격루를 설치하라 일렀습니다. 또한 궁궐 곳곳에 커다란 북을 설치하고 광화문에도 큰 종을 걸어 자격루가 시간을 알려 주면 북과 종을 치게 하였습니다. 숭례문과 흥인지문의 범종도 연달아 울리게 하여 백성들에게도 시각을 알렸습니다.

자격루가 만들어진 뒤, 백성들의 생활은 무척 편해졌습니다. 정확한 시간을 쉽게 알 수 있었기 때문입니다. 매일 규칙적인 생활을 할 수 있을 뿐더러, 더 이상 중요한 약속에 늦는 일도 없었습니다.

세종의 생각은 여기서 그치지 않았습니다. 세종은 비의 양을 예측하는 것도 중요하게 여겼습니다. 비가 내리는 양에 따라 한 해 농사가 결정되었기 때문입니다. 당시 조선은 예측할 수 없는 가뭄과 홍수로 인해 흉년을 거듭했습니다.

"전하, 이번 홍수로 인해 애써 가꾼 논밭이 물에 잠긴 건 물론이고, 집과 가축을 잃은 백성이 허다하다 하옵니다."

"하늘도 무심하시지. 어찌 이토록 많은 비가 내린단 말이냐……."

세종은 근심이 가득한 얼굴로 하늘을 올려다보았습니다. 지금 이 순간에도 고통을 겪고 있을 백성들을 떠올리면 마음이 편치 않았습니다.

"홍수로 피해를 입은 백성들에게 잠자리를 마련해 주고, 관아의 창고를 열어 곡식을 나눠 주도록 하라. 단 한 명의 백성이라도 소홀히 여기지 말고 각별히 신경 써야 하느니라."

하지만 이것은 소 잃고 외양간을 고치는 데 지나지 않았습니다. 이와 같은 피해를 줄이려면 보다 근본적인 대책이 필요했습니다.

"각 고을 수령들은 언제 얼마만큼 비가 왔는지 양을 재어 주기적으로 보고하도록 하라. 이 기록을 계속 모으다 보면 앞으로 내릴 비의 양을 예측할 수 있고, 홍수와 가뭄에도 대비할 수 있을 것이다."

세종의 명령이 떨어지자 관리들은 저마다 비가 온 양을 측정했습니다. 비가 그치면 마른 흙이 나올 때까지 삽이나 곡괭이로 땅을 판 다음, 그 깊이를 재어 보고했습니다. 그러나 이렇게 공들여 모은 기록들은 하나같이 쓸모가 없었습니다. 지방마다 비의 양을 재는 방법이 다를뿐더러, 굳은 땅인지 진 땅인지에 따라 빗물이 스며드는 정도도 달랐기 때문입니다.

그러던 어느 날 세자 향*이 세종을 찾아왔습니다. 향은 세종과 소헌 왕후의 첫째 아들로, 세종처럼 학문을 좋아하고 마음이 너그러웠습니다.

"아바마마, 구리로 만든 그릇에 빗물을 받은 뒤 물이 고인 깊이를 재면 어떻겠사옵니까? 비가 얼마나 내렸는지 정확하면서도 쉽게 알 수 있을 것 같사옵니다."

"구리로 그릇을 만들어 빗물의 양을 잰다……?"

세종의 얼굴에 미소가 번졌습니다.

"세자가 이 아비보다 낫소. 아주 좋은 생각이오."

세종은 세자의 생각을 실현할 수 있도록 장영실을 불러 세자를 돕게 하였습니다. 이윽고 1441년, '측우기'가 발명되었습니다. 측우기란 '빗물을 재는 그릇'이라는 뜻입니다. 측우기의 구조는 무척 단순했습니다. 쇠로 된 원통

---

*훗날의 문종.

을 커다란 돌이 받치고 있는데, 이 통 안에는 주척이라고 하는 자가 있었습니다. 이 주척으로 통 안에 고인 빗물을 아주 작은 단위까지 잴 수 있었습니다.

"이렇게 간단하면서도 실용적인 도구가 세상에 또 어디 있단 말인가."

세종은 크게 기뻐하였습니다. 다른 누구도 아닌 세자가, 그것도 백성들을 걱정하는 마음에 만든 기구라 더욱 흐뭇했습니다.

"세자와 장영실이 힘을 합쳐 만든 측우기를 여러 개 만들어 관상감*과 지방 관아의 뜰에 설치하도록 하라. 그리하여 비가 올 때마다 강우량을 측정하고, 비가 온 시각과 날이 갠 시각을 기록하도록 하라."

측우기의 발명으로 전국에 내린 비의 양을 측정할 수 있게 되었고, 앞으로 내릴 비의 양도 예측할 수 있게 되었습니다. 세자와 장영실이 함께 만든 측우기는 이후 백성들의 생활에 큰 도움이 되었습니다.

---

*오늘날의 기상청 역할을 한 조선의 관청.

백성을 위한 과학

무용지물이 된 책

 세종은 백성들을 배불리기 위해서는 무엇보다 농사가 중요하다고 여겼습니다. 한 해 농사가 어찌 되느냐에 따라 백성들이 배불리 먹거나 굶주렸기 때문입니다.
 세종은 직접 동적전*에 나가 『농상집요』에 나와 있는 방법대로 농사를 지어 보았습니다. 『농상집요』는 중국에서 들여온 대표적인 농사 책이었습니다. 그러나 책에 나온 대로 농사를 지어도 거두어들인 농작물은 늘 신통치 않았습니다.

---

*왕이 직접 가꾸던 서울 동쪽의 농지.

'대체 무엇이 문제일까? 모든 백성이 농사를 잘 짓게 할 수는 없단 말인가…….'

며칠을 곰곰이 생각하던 세종은 신하들을 불러 모았습니다.

"어떻게 하면 백성들이 농사를 잘 지을 수 있을지 논해 보도록 하시오."

아니나 다를까, 신하들은 하나같이 중국 책 『농상집요』에 적힌 방법대로 농사를 지어야 한다고 말했습니다. 중국에서 가져온 거라면 무조건 최고로 여기는 신하들을 보고 있자니, 세종은 답답했습니다. 세종은 이것이 크나큰 문제라고 여겼습니다. 우리 것을 만들지 않으면 영원히 중국에 기대어 살 수밖에 없었습니다.

집현전 학사인 정초가 아뢰었습니다.

"전하, 소신이 알기로 『농상집요』는 중국 화북 지방을 배경으로 만들어진 책이옵니다. 화북 지방엔 황하라고 하는 어마어마하게 큰 강이 있사온데, 그 강이 넘칠 때마다 들판으로 질 좋은 황토가 쏟아진다 하옵니다."

"그 말인즉, 중국은 우리나라와 땅부터 다르다는 얘기

구려."

"그렇사옵니다. 또한 화북 지방은 우리나라보다 비가 훨씬 적게 온다 하옵니다."

세종이 무릎을 탁 쳤습니다.

"옳거니! 땅과 기후가 다르니, 아무리 그 책에 나온 대로 농사를 지어도 소용이 없었던 것이로군. 그럼, 어찌하면 좋겠는가?"

"어느 고을이건 농사를 잘 짓는 지혜로운 농부들이 있습니다. 그들에게 물어 우리 땅과 기후에 맞는 농사 책을 편찬한 뒤 백성들에게 알리는 게 어떨까 싶사옵니다."

"꽤 고된 작업이 될 터인데……. 그대가 이 일을 맡아 줄 수 있겠소?"

"소신, 충심을 다해 받들겠나이다."

정초는 전국 팔도의 관리들에게 그 고을에서 가장 농사를 잘 짓는 농부를 찾아 농사법을 세세히 적어 보고하라 일렀습니다.

몇 달이 지나자 전국에서 올라온 자료들이 산더미같이 쌓였습니다. 정초는 밤을 새워 가며 그 많은 자료들을 일

일이 읽어 보고, 잘 모르는 것은 직접 농부를 찾아가 물었습니다. 세종은 나랏일을 하다가도 틈틈이 정초를 찾아가 일을 하는데 어려움은 없는지, 어느 정도 일이 진척되었는지 물었습니다. 정초에게 고민이 있을 때는 무거운 부담을 함께 짊어졌습니다.

"참으로 노고가 많소. 그래, 백성들에게 도움이 될 만한 것은 많이 얻었소?"

"똥거름 만드는 법을 배웠사옵니다."

"똥거름?"

"예, 전하. 똥을 눈 뒤 아궁이에서 퍼낸 재를 섞어 햇빛에 잘 말리옵니다. 이렇게 하면 벌레도 생기지 않을뿐더러 냄새도 나지 않습니다. 똥이 다 마르면 이것을 씨앗과 함께 잘 섞어 밭에 뿌리는 것이옵니다. 맨땅에 씨앗을 뿌리는 것보다 똥거름을 섞어 뿌린 씨앗이 훨씬 잘 자란다 하옵니다."

"하하하, 똥이 그렇게 쓸모가 많단 말이오? 달리 비용이 들지 않을뿐더러 조선 팔도 어디서든 쓸 수 있으니 그야말로 최고의 농법이오."

"또한 밭을 그저 평평하게 가는 게 아니라, 고랑과 이랑을 만들어 밭에 굴곡을 두면 물이 잘 빠져 웬만한 홍수에도 끄떡없다 하옵니다."

세종이 정초의 손등을 토닥였습니다.

"그동안 정말 수고가 많았소. 힘들고 고단하겠지만 가엾은 백성들을 생각해서 더 힘을 내 주구려. 농사에 도움이 되는 것이라면 무엇이든 기록하도록 하시오."

"예, 전하. 명심하겠나이다."

이렇게 해서 만들어진 책이 바로 우리나라 최초의 농사책 『농사직설』입니다. 『농사직설』에는 벼·수수·콩·보리 같은 작물 재배 방법은 물론, 종자를 선택하고 저장하는 방법, 논밭을 가는 방법, 김매는 방법, 거름을 만드는 방법 등이 들어 있습니다.

세종은 동적전에 나아가 『농사직설』에 적힌 방법대로 농사를 지어 보았습니다. 직접 똥거름을 만들어 조밭에 골고루 뿌렸더니 조를 한 가마나 거둘 수 있었습니다. 평소보다 무려 250배나 많이 수확한 것입니다.

세종은 당장 전국의 관리들에게 『농사직설』을 배포한

뒤 농민들에게 정성껏 가르치라고 일렀습니다. 그러고는 호위 무사와 함께 백성들이 입는 적삼과 잠방이로 갈아입고는 직접 관아로 나가 보았습니다. 관리들이 자신의 명을 잘 실행하는지, 책을 본 백성들이 어떤 반응을 보이는지 무척 궁금했기 때문입니다.

좋은 농사법을 알려 준다는 소식을 듣고 온 마을 농부들이 이른 아침부터 관아 앞마당에 바글바글 모여들었습니다. 세종도 호위 무사와 함께 그 틈에 끼었습니다. 사람들 앞에 선 이방이 "애햄!" 하고 헛기침을 했습니다.

"임금님이 우리 백성들을 위해 어떻게 하면 농사를 잘 지을 수 있는지 세세하게 적은 농사 책을 만드셨소. 이게 바로 그 농사직설이란 책이요."

"농사직설?"

농부들이 수군거리며 서로를 바라보았습니다.

"내 줄줄 읊을 터이니 귀를 쫑긋 세워 잘 듣고 농사지을 때 꼭 써먹도록 하시오."

이방이 큼큼 목소리를 가다듬고는 책에 적힌 내용을 주욱 읽어 내렸습니다.

"농사를 잘 지으려면 우선 좋은 씨앗을 고르는 게 중요하다. 좋은 씨앗을 고르려면 키질을 해서 쭉정이는 다 날려 보내고, 물에 담갔을 때 둥둥 떠오르는 것들 또한 모두 골라 버린다. 이렇게 추려 낸 씨앗은 오줌이나 눈 녹은 물에 잘 담갔다가 볕에 말리기를 서너 차례 반복한다. 그럼 씨앗 자체에 거름을 주는 효과를 거둘 수 있다."

이방의 말에 농부들이 연신 고개를 끄덕였습니다. 거참 기발한 방법이라며 감탄을 쏟아 내는 이들도 있었습니다. 그 모습을 보고 있자니 세종은 더없이 흐뭇하였습니다. 이 모습을 정초가 보았다면 얼마나 뿌듯했을까 싶어, 정초를 데려오지 못한 게 매우 아쉽기까지 했습니다.

하지만 이방의 설명이 점점 길어질수록 농부들은 머리를 긁적이는가 하면, 고개를 갸웃거렸습니다. 길고 긴 설명이 모두 끝나고 관아를 나설 때에는 여기저기서 푹푹 한숨 소리가 들려왔습니다.

"어휴, 내가 까마귀 고기를 먹었나? 왜 듣는 족족 다 까먹나 몰라."

"나도 머리통이 뱅뱅 돌 지경이네. 차라리 책을 한 권씩 나눠 줄 것이지."

"예끼, 이 사람! 책을 주면 읽을 수나 있고? 우리 같은 까막눈들에겐 흰 건 종이요, 까만 건 글자일 뿐이지 않은가?"

농부들이 허탈하게 웃으며 뿔뿔이 흩어졌습니다. 그 이야기에 귀를 기울이던 세종은 궁궐로 돌아가는 발걸음이 한없이 무거웠습니다.

'이방에게 일러 며칠이 걸리든 더 설명을 하라고 할까? 하지만 하루하루가 금쪽같은 농부들에게 계속 시간을 내라 할 수도 없고……. 혹 그리 일러 준다 한들, 농부들이 과연 그 내용을 얼마나 기억할 수 있단 말인가. 비단 이 마을 농부들만의 문제는 아닐 터인데 참 큰일이로구나…….'

궁궐의 담장을 넘어 온 나라 농부들의 한숨 소리가 들려오는 듯 했습니다.

새 문자를 꿈꾸다

'이 모든 게 백성이 글을 모르기 때문이다. 하지만 글을 몰라 겪는 불편함이 어디 이뿐이랴.'

관아에서 들었던 농부들의 목소리가 아직도 귓가에 쟁쟁 울리는 듯하였습니다. 그 목소리는 밥을 먹을 때에도, 나랏일을 할 때에도, 심지어는 꿈속에서도 세종을 쫓아다녔습니다.

당시 조선의 백성들은 중국의 한자를 사용했습니다. 입으로는 조선말을 하고 손으로는 한자를 쓰려니 불편한 점이 한두 가지가 아니었습니다. 게다가 한자는 그 개수만

해도 8만 자가 넘었습니다. 오랫동안 배워야 겨우 읽고 쓸 수 있었지요. 양반들이야 노비에게 살림도 시키고 농사도 짓게 하니 글공부를 할 여유가 있었지만 종일 농사와 생업에 매달려야 하는 백성들은 한자를 익힐 시간이 없었습니다.

사정이 이렇다 보니 백성들은 원통한 일을 당해도 관아에 고발을 할 수가 없었습니다. 모든 재판이 한자로 적힌 문서로 이루어지기 때문이었습니다. 백성들의 어려움은 이뿐만이 아니었습니다. 관아에 '禁酒令(금주령*)'이라고 쓴 방이 붙어도 백성들은 사람들이 많이 다니는 저잣거리에서 버젓이 술을 팔거나 술에 취해 휘청거리며 돌아다녔습니다. 그리하여 자신이 무슨 잘못을 저지른 줄도 모른 채 옥에 갇히거나 곤장을 맞기 일쑤였습니다. 백성들이 글을 모르는 데서 오는 폐단은 이뿐이 아니었습니다.

"전하! 경상도 강주에 사는 '김화'라는 자가 제 아비를 죽였다 하옵니다. 법률에 따라 사형에 처하심이 마땅한

---

*술을 금하는 법.

줄로 아옵니다."

"뭐라? 자식이 어미를 때린 것도 모자라, 이제는 자신의 아비를 죽였단 말이냐?"

세종이 탄식하듯 말했습니다. 부모를 정성껏 모시는 것을 그 무엇보다 중요하게 여기는 유교 국가 조선에서 상상조차 하기 힘든 일이었습니다.

"이 모든 게 과인이 백성을 잘 보살피지 못해 생긴 일이오."

"전하, 백성들이 두 번 다시 이런 흉악한 일을 벌이지 못하게 법을 더욱 엄히 세우셔야 하옵니다."

"맞습니다. 백성들이 이렇듯 극악무도한 짓을 저지르는 건 조선의 법이 허술하기 때문이옵니다."

세종이 입을 떼었습니다.

"과인의 생각은 다르오. 형벌로만 나라를 통제하면 백성들은 그 형벌을 피하려고만 할 뿐 자신이 무엇을 잘못했는지는 모를 것이오. 그보다는 백성들이 바른 마음을 갖도록 가르치고 이끄는 것이 더 중요하오."

세종이 신하들을 하나하나 둘러보았습니다.

"조선의 법조문은 모두 한문으로 기록된 데다가, 그 양 또한 방대하여 무지한 백성들은 알고 싶어도 알 수가 없소. 한문을 익힌 양반들도 법조문을 읽은 뒤에야 죄의 무겁고 가벼움을 알게 되는데, 하물며 어리석은 백성들이 어찌 스스로 죄를 알고 고치겠소. 그러니 중요한 법 조항을 따로 뽑아 이두로 번역하여 백성들에게 알리는 게 어떻겠소?"

이두는 신라 시대부터 전해 온 것으로, 한자의 음과 뜻을 빌어 우리말을 표기한 문자였습니다. 세종의 말에 허조가 반대 의견을 내놓았습니다.

"하오나 전하, 백성들이 법을 알게 되면 그 법을 교묘히 이용하는 자들이 생겨날 것이옵니다."

"그렇다면 과인이 묻겠소. 백성들이 법의 내용이 어떠한지도 알지 못하는데, 이를 어겼다 하여 처벌하는 것이 과연 옳은 일이오?"

"그, 그것은……."

허조는 부끄러워 고개를 들지 못했습니다.

"법을 만들고 그것을 어긴 자에게 형벌을 내리는 것은

처벌을 목적으로 한 게 아니오. 법을 어기는 자가 사라지기를 바라서 하는 것이란 말이오."

얼굴이 새빨개진 허조는 고개를 깊이 숙였습니다. 다른 신하들도 마찬가지였습니다.

"어찌 백성들이라고 착한 마음이 없겠소? 과인이 제대로 가르치고 이끌지 못해 백성들이 범죄를 저지르는 것이오."

"전하, 이두로 법조문을 만들고 또한 효행록을 널리 배포하여 백성들에게 사람으로서 지켜야 할 도리를 가르치심이 어떻겠사옵니까?"

변계량이 의견을 냈습니다.

『효행록』은 고려 충목왕 때 권보가 만든 책으로, 중국의 유명한 효자들의 이야기를 모아 엮은 것입니다.

"그것도 좋은 의견이오. 한데 효행록은 효자만을 다루고 있지 않소? 우리는 충신, 효자, 열녀 가운데 모범이 될 만한 사람들의 이야기를 뽑아 책으로 만들도록 합시다. 또한 글을 모르는 백성들도 그 내용을 한눈에 알 수 있게 그림도 그려 넣도록 하시오."

세종은 이 일을 집현전 학사들에게 맡겼습니다. 집현전 학사들은 사례를 찾기 위해 중국과 우리나라에 전해 내려오는 수많은 서적들을 모두 읽었습니다. 그중 효자, 충신, 열녀로 본받을 만한 사람을 백여 명 뽑아 그 행적을 그림으로 그리고, 그들이 한 일을 적었습니다. 그림을 그리는 것은 당시 최고의 화가인 안견, 최경, 안귀생이 맡았습니다. 이들은 인물의 눈, 코, 입까지 살아 있는 듯 자세히 묘사했습니다.

　세종은 이 책에 『삼강행실도』라는 제목을 붙였습니다. '삼강'에 해당되는 임금과 신하, 부모와 자식, 남편과 아내 사이에 모범이 될 만한 행실을 모은 책이라는 뜻이었지요.

　"과인이 삼강행실도를 펴낸 이유는 이 책을 읽은 백성들이 자신의 과오를 스스로 깨닫게 하기 위해서요. 이 책만 있다면 무거운 벌을 내리지 않아도 백성들을 충분히 좋은 방향으로 이끌 수 있을 것이오."

　세종은 『삼강행실도』를 전국의 향교에 보내어 백성들에게 열심히 가르치게 하였습니다. 그런데 어찌된 일인지

『삼강행실도』를 내려 보낸 지 여러 해가 지나도 죄를 짓는 백성은 줄어들지 않았습니다.

"전하, 용안이 심히 어둡사옵니다. 무슨 걱정이라도 있으시옵니까?"

소헌 왕후가 걱정스런 말투로 물었습니다. 소헌 왕후는 세종의 첫 번째 아내이자 수양 대군과 안평 대군의 어머니이기도 했습니다. 여러 부인들 중 누구보다 어질고 인자하여 세종이 가장 아끼고 사랑하였지요.

"『삼강행실도』를 백성들에게 읽힌 지 벌써 여러 해가 지났건만 이렇다 할 효과를 거두지 못하고 있다오."

"전하, 아무리 뛰어난 화공이 그림을 그렸다 한들, 제 이름도 쓸 줄 모르는 백성들이 그림만 보고 그 내용을 짐작하기는 어려울 것이옵니다."

"그러니 이 일을 어찌하면 좋소? 제아무리 좋은 책을 펴낸들 글을 읽을 줄 모르는 백성들에게는 아무런 도움이 되지 못하니, 그들의 삶이 얼마나 답답하고 고되겠소……."

"전하의 말씀처럼 백성들이 참으로 불쌍하옵니다. 하

오나 전하, 백성들을 돌보기에 앞서 전하의 옥체를 살피셔야 하옵니다. 부디 백성들을 염려하는 마음을 조금이라도 내려놓으시고 건강을 돌보소서. 이러다가 병이라도 얻으실까 걱정이옵니다."

"고맙소, 중전. 그러나 이 몸의 건강보다 중요한 것이 만백성의 행복 아니오."

세종이 중전의 손을 꼭 잡았습니다. 중전은 세종에게 있어서 참으로 든든하고 편안한 안식처였습니다. 그러나 사랑하는 소헌 왕후 곁에서도 세종의 걱정은 사라지지 않았습니다.

'백성들이 문자를 깨우칠 수 있다면 얼마나 좋을까. 그렇게만 된다면 백성들의 삶이 한결 나아질 텐데……. 진정 좋은 방법이 없단 말인가?'

세종의 고민은 늦은 밤까지 이어졌습니다.

'그래, 조선의 말은 중국의 말과 다르다. 왜 지금껏 이 사실을 떠올리지 못했을까? 조선의 문자를 만들자. 지금이라도 백성들이 쉽게 익히고 쓸 수 있도록 새로운 문자를 만드는 것이다. 사람이 마음먹으면 못할 게 없다 하지

않았는가. 하물며 임금인 내가 가엾은 백성들을 위해 못할 것이 있겠는가.'

그날부터 세종은 아무도 모르게 조선만의 문자를 연구하기 시작했습니다. 신하들이 알았다가는 반대를 할 게 불을 보듯 뻔했기 때문입니다.

여진족을 정벌하다

 이 무렵 북쪽의 여진족들은 걸핏하면 국경을 넘어와 조선 백성들을 괴롭혔습니다. 메마른 만주 땅에 살다 보니 늘 식량이 부족했던 여진족은 시도 때도 없이 조선과 명나라를 넘나들며 곡식과 가축을 약탈했습니다.
 "전하, 여진족이 사백여 명의 기병을 이끌고 여연 지역에 침입했다 하옵니다. 강계 절제사* 박초가 포로로 잡혀가던 백성 스물여섯 명과 가축 팔십여 마리를 되찾았으나 날이 저물어 더는 추격하지 못했다 하옵니다."

---

*조선 시대에 군사 업무를 맡던 관리.

세종은 즉시 비상 회의를 소집했습니다.

"이번 일을 어떻게 처리하면 좋을지 경들의 생각을 말해 보시오."

"여연 지역은 국경 지대라 군사를 움직였다간 자칫 명나라의 오해를 살 수 있사옵니다. 우선은 국경을 튼튼히 하는 데 힘을 모아야 한다고 생각하옵니다."

맹사성의 말에 황희가 반대 의사를 밝혔습니다.

"아니 되옵니다. 치욕을 당했는데 잠자코 있다니요. 당장 그들을 잡아들여 잘못을 물어야 하옵니다."

"과인의 생각도 황희와 같소. 금수만도 못한 오랑캐들이 가엾은 백성을 죽이고 사로잡아 가는데도 가만히 있다면, 어찌 한 나라의 왕이라 할 수 있겠소? 또한 아무 대응도 하지 않는다면 놈들을 더욱 날뛰게 하는 꼴이 될 거요. 최윤덕 장군의 생각은 어떻소?"

"저도 같은 생각이옵니다. 하지만 지금은 땅이 얼고 물이 흘러넘치니 사오월에 물이 마르기를 기다렸다가 행군하는 것이 옳을 듯하옵니다."

"그럼, 정확히 언제 어떤 방법으로 토벌하는 게 좋겠

는가?"

 국운이 달린 일인 만큼, 한 달이 넘는 긴 회의가 열렸습니다. 모든 회의는 비밀리에 진행되었습니다. 세종은 의정부와 육조, 국방을 맡은 모든 관리들이 자신의 생각을 말하게 했습니다. 토벌 시 발생할 수 있는 문제점들을 예측하여 꼼꼼한 대책을 세우기 위해서였습니다.

 오랜 회의 끝에 여진족을 치는 것은 4월로 정해졌습니다. 4월에는 풀과 나무가 무성하여 시야가 좁아질 테니 여진족을 덮치기에 가장 적당하다고 여겼기 때문입니다. 또한 처음 계획했던 병력도 만 오천 명으로 확대하고, 일곱 방향에서 한꺼번에 적을 소탕하기로 했습니다. 단 한 번의 공격으로 최대한의 효과를 거두기 위해서였습니다.

 그날 밤, 세종은 잠을 이루지 못했습니다. 여진족 토벌을 위해 하나부터 열까지 치밀하게 계획을 세웠건만, 여전히 마음이 불안했습니다.

 '이미 여진족은 우리의 공격에 대비하고 있을 터. 이런 상황에서는 제아무리 용기 있고 지략이 뛰어난 최윤덕이라 하더라도 위험에 빠질 수 있다. 어떻게 해서든 여진족이 눈치채지 못하는 틈을 타 공격해야 한다. 한데, 조선에 귀화한 여진족 중에 그들과 내통하는 자가 있을지 누가 안단 말인가…….'

　세종이 왕위에 오른 뒤 몇 해 지나지 않아, 세종이 어진 정치를 편다는 소문이 나라 밖까지 퍼졌습니다. 두만강 주변에 살던 여진족들은 조선에 살고 싶다며 수십 명씩 국경을 넘어왔습니다. 세종은 이들을 기꺼이 받아들였습니다. 조선에 온 이상, 그들도 자신의 백성이라 여겼기 때문입니다. 세종은 그들에게 집을 지어 주고 벼슬을 내리는가 하면, 일정 기간 세금을 면제해 주었습니다. 하지만 귀화민을 향한 세종의 마음이 아무리 특별하다 한들 한때 여진족이었던 그들을 온전히 믿을 수는 없었습니다.

　여진족 토벌은 세종이 왕위에 오른 뒤 치른 첫 전투였습니다. 즉위한 지 얼마 되지 않아 대마도를 정벌한 적은 있지만 그때는 아버지 태종의 공이 컸습니다. 이제는 세종 혼자서 모든 것을 계획하고 책임져야 했습니다. 세종은 이런 날을 대비해 이미 오래전부터 신무기를 개발하고 군사 훈련에 힘을 기울이고 있었습니다.

날이 밝자 세종은 큰 결단을 내렸습니다.

"한 달 동안 온정*에 다녀와야겠소."

세종의 말에 신하들은 모두 깜짝 놀랐습니다.

"이렇게 중요한 시점에 온정에 가신다니요. 외람된 말씀이오나 다시 한 번 생각해 주시옵소서, 전하."

"경들이 무엇을 염려하는지 잘 알고 있소. 그러나 과인은 이미 마음을 굳혔소. 이번 행차에는 왕비와 세자는 물론이고 여러 대신들과 군사들까지 함께 갈 것이니 그리 아시오."

"왕실 전체가 한 달이나 도성을 비우는 건 너무나 위험한 일이옵니다. 세자 저하만이라도 도성에 머물며 군사들의 사기를 북돋우고 감독해야 하옵니다."

"맞습니다. 이미 장수를 명하고 군사를 일으켜 야인을 치겠다 하셨는데, 온정에 행차하시어 도읍을 비우는 것은 옳지 않사옵니다."

"과인은 경들의 말을 따를 생각이 없소."

---

*충남 온양 온천.

세종은 더 이상 토를 달지 못하게 딱 잘라 말했습니다. 세종은 조선이 토벌을 준비한다는 사실을 여진족이 눈치채지 못하게 하려 했습니다. 실제로 우리 편을 보내 여진족의 동태를 살펴보니, 그들은 어린아이들과 여자들을 높은 산으로 피신시킨 뒤 조선의 토벌대가 쳐들어올 것에 대비해 철통같은 방어 태세를 갖추고 있었습니다. 세종의 예상이 적중한 것입니다.

세종은 평소처럼 느긋하게 온정에 머물렀습니다. 다시 궁궐로 돌아올 때까지 북벌 정책과는 전혀 상관없는 일들을 하였습니다. 행궁 근처에 수차*를 설치하여 실험하는가 하면, 백성들에게 벼와 콩을 골고루 나눠 주었습니다. 큰 무리가 머무르면서 혹시라도 백성들에게 폐를 끼쳤을지도 모르기 때문입니다. 세종은 온정에 머물며 새로운 문자를 만들려면 무엇부터 해야 할지 차근차근 계획을 세워 나갔습니다.

세종이 궁궐에 돌아온 지 이틀이 지나자, 최윤덕으로부

---

*물레방아.

터 승전보가 날아왔습니다. 세종의 온정 행차로 방심하고 있던 여진족을 최윤덕 부대가 급습한 것입니다. 이 전투로 최윤덕과 그의 부하들은 적군 183명의 목을 베고 248명을 생포했습니다. 아군의 사망자는 단 4명뿐이었습니다. 세종은 누구보다 기뻤지만 마냥 안심하고 있지는 않았습니다.

'한 번의 승리도 중요하지만, 이 승리를 오랫동안 유지해야 한다. 저들이 힘을 합쳐 언제 다시 쳐들어올지 모른

다. 그들을 막으려면 더 많은 군사를 보내야 한다. 하지만 그 넓은 지역을 모두 지켜 내려면 엄청난 수의 군사가 필요하고, 그렇게 되면 군사를 먹여 살리는 데 막대한 비용이 든다.'

세종은 다른 각도로 생각해 보았습니다.

'그 지역에 사는 백성들이 평상시에는 농사를 짓다가 비상시에만 군사들을 도와 함께 전투를 치르게 하면 어떨까? 그러려면 많은 백성들이 춥고 거친 땅으로 이주해야 한다. 과연 누가 그 험한 곳까지 백성들을 이주시킬 수 있단 말인가. 국경을 지키는 용맹함과 백성들의 불안한 마음을 다독일 줄 아는 어진 이가 있어야 할 텐데…….'

세종의 고민은 오랫동안 이어졌습니다.

'옳거니! 김종서. 그가 바로 적임자다.'

김종서는 비록 학자였지만, 무관의 집에서 태어나 어려서부터 무술을 익힌 사람이었습니다. 작은 체구에도 장군 못지않은 기개와 위엄을 갖췄고, 학문 또한 깊은 이였습니다. 세종은 김종서를 함길도 관찰사로 임명했습니다.

최윤덕과 김종서는 각각 압록강과 두만강 유역을 정벌

하여 여진족을 물리치고 군사 기지를 세웠습니다. 압록강 주변에는 4군(우예·여연·자성·무창)을 설치하고, 두만강 주변에는 6진(온성·경원·종성·회령·경흥·부령)을 두어 관리한 것입니다. 4군 6진의 설치로 조선은 국경선을 정비하고 잃어버린 북쪽 땅을 되찾았습니다.

하지만 제아무리 영토를 넓힌들 백성들이 살지 않으면 아무 소용이 없었습니다.

"함길도 남쪽에 살던 백성들을 국경 지역으로 옮기고, 하삼도에 살던 백성들을 함길도 남쪽으로 이주시켜라. 함길도 사람들은 하삼도 사람들에 비해 어느 정도 추위에 익숙하니 그편이 나을 것이다."

이주 정책은 모두 강제로 진행되었습니다. 어느 누구도 지금껏 살던 고향을 떠나, 척박한 땅에서 살기를 원하지 않았기 때문입니다. 세종은 이주하는 백성들의 마음을 헤아려 여러 가지 혜택을 주었습니다.

"양반은 그 지방 관리로 임명해 주고, 향리나 천민들에게는 세금을 면제해 주어라."

세종의 이 같은 계획은 함길도 주민들에게 큰 환영을

받았습니다. 하지만 남쪽 지역에서는 강제 이주를 반대해 자신의 팔을 잘라 내는 이가 있는가 하면, 스스로 목숨을 끊는 이도 있었습니다. 엎친 데 덮친 격으로 두만강 지역에 천연두까지 돌아 무려 2,600여 명이 죽자 백성들의 원성은 끊일 날이 없었습니다. 영토를 포기하자는 신하들도 있었습니다. 누구보다 백성을 아꼈던 세종은 몹시 괴로웠습니다.

세종은 어떻게 해야 할지 그 어느 때보다 신중하게 생각했습니다. 마음의 결정을 내린 뒤에도 자신의 판단이 옳은지 스스로에게 묻고 또 물었습니다.

"조상들이 물려준 땅은 한 뼘이라도 포기할 수 없소.

지금은 영토를 포기하는 게 가장 옳은 일이라 여겨질 수 있으나 훗날을 생각하면 포기한 영토만큼 오랑캐들의 힘을 키워 주는 꼴이 될 것이오."

세종은 신하들을 바라보며 힘주어 말했습니다.

"과인은 서두르지 않을 것이오. 작은 폐단을 염려하여 큰일을 그르치지도 않을 것이오. 세월이 지나면 백성들은 자연히 안정을 되찾을 것이오."

해가 여러 번 바뀌었습니다. 국경을 튼튼히 하자 백성들의 먹을 것이 넉넉해지고, 나라를 향한 원망 또한 저절로 사라졌습니다. 만약 세종이 신하들의 만류로 영토를 포기했다면 오늘날 우리나라의 지도는 크게 달라졌을 것입니다.

훈민정음의 탄생

"명나라나 일본에 가는 사신들이 있거든 언어학 책을 모조리 구해 오도록 하라."

나라가 안정을 되찾자 세종은 새로운 문자를 만드는 일에 온 힘을 기울였습니다. 제일 먼저 한 일은 언어학을 섭렵하는 것이었습니다.

"전하, 언어학 서적은 무슨 이유로 구해 오라 하시나이까?"

"허허, 그저 궁금해서 그런 것뿐이오. 과인이 관심을 둔 학문이 어디 한두 가지요?"

신하들은 세종이 새 문자를 만들고 있는 줄은 꿈에도

생각지 못했습니다. 세종은 평소에도 워낙 많은 책을 읽는 터라 누구의 의심도 받지 않았습니다.

게다가 세종은 건강이 몹시 안 좋았습니다. 어릴 때부터 하루 종일 책만 보다 보니 몸이 뚱뚱해진 데다 안질까지 앓고 있었습니다. 그 눈병은 차츰 세종의 시력을 악화시켰습니다. 또한 끝없이 갈증이 나는 병인 소갈증까지 겹쳐 하루에 한 동이가 넘는 물을 마셔야했습니다. 그렇게 마신 물은 몸 밖으로 빠져나오지 못해 늘 얼굴이 퉁퉁 부어 있었습니다. 왕이 된 뒤에는 더욱 바쁘게 지내는 통에 저녁 10시가 넘어서야 문자를 연구할 수 있었지요.

그러니 어느 누구도 세종이 문자를 만들고 있다고는 꿈에도 생각지 못했습니다. 세종 또한 새 문자를 만드는 일을 철저히 비밀에 부쳤습니다. 신하들 중에는 중국의 글자인 한자를 쓰는 데 크나큰 자부심을 느끼는 자들이 많아 그들이 이 일을 알았다간 벌 떼처럼 들고일어날 게 뻔했기 때문입니다.

하지만 세종에게는 시간이 그리 많지 않았습니다.

"왜 이렇게 방 안이 어두운가. 서둘러 방을 환히 밝혀라."

"저, 전하……."

어의가 바닥에 납작 엎으려 울먹였습니다.

"불을 밝히지 않고 무엇을 하고 있느냐!"

"전하, 방이 어두운 게 아니오라, 전하의 눈이 점점 어두워지는 것이옵니다."

"뭐라?"

어의의 말에 세종은 하늘이 무너지는 것만 같았습니다. 지금도 온 세상이 눈을 감은 듯 캄캄한데, 조만간 영영 시력을 잃을 지도 몰랐습니다. 하지만 세종은 애써 태연한 척 어의에게 당부했습니다.

"그대가 과인에게 약조할 것이 하나 있소."

"예, 예, 전하. 무엇이든 하명만 하시옵소서."

"과인이 시력을 잃어 간다는 것을 아무에게도 발설치 마시오."

"하오나, 전하……."

"내가 그대에게 하는 처음이자 마지막 부탁이오."

대낮에도 깜깜한 어둠 속에 있는 것 같은 날들이 하루

하루 늘어 갔습니다. 그런 날이면 세종은 나랏일을 잠시 미루고 침전에 홀로 앉아 숨죽여 눈물을 흘렸습니다.

'아직도 나의 백성들을 위해 해야 할 일이 태산 같은데, 이를 어찌하면 좋단 말인가……'

세종은 이제라도 나랏일을 줄이고 문자 연구에 전념하기로 했습니다.

"경들도 알다시피 과인의 몸이 예전 같지 않소. 하여, 과인이 모든 일을 처리하고 결재하던 의정부 직계제를 의정부 서사제로 바꿀까하오."

의정부 서사제는 육조*에서 각기 맡은 업무를 조선의 최고 행정 기관인 의정부에 보고하면 삼정승이 모여 그 내용을 심사한 뒤 왕에게 전하는 제도입니다. 왕권을 제한하는 법이기에 이를 반대하는 신하들은 하나도 없었습니다.

한결 여유가 생긴 세종은 문자를 연구하는 데 심혈을 기울였습니다. 세종은 식사를 하거나 휴식을 취할 때조차

---

*조선 시대에 나라의 정책을 세우고 실질적인 행정 업무를 맡아 보던 여섯 개의 기관.

늘 문자를 생각했습니다.

'말은 글과 같아야 한다. 한문처럼 말로는 '하늘'이라 하고, 글로는 '天(천)'이라 하면 안 된다……. 그렇다면 말이 만들어 지는 과정을 본떠 문자의 모양을 만드는 건 어떨까?'

세종은 소리를 내는 발음 기관이 어떻게 움직이는지 알고 싶었습니다. 그래서 여러 의학 책을 보는가 하면, 어의를 불러다 발음 기관의 구조를 익혔습니다. 그렇게 발음 기관의 모양을 본떠 만들어진 것이 바로 'ㄱ', 'ㄴ', 'ㅁ', 'ㅅ', 'ㅇ'입니다.

세종은 이 다섯 글자를 바탕으로 다른 글자들을 더 만들었습니다. 발음 소리가 거세질 때마다 이 기본 글자에 획을 더하여 글자를 만들었습니다. 이렇게 해서 만들어진 자음이 모두 17자입니다.

'쉽고 단순한 문자이지만, 그 안에 담긴 의미는 세상 어떤 것보다 깊어야 한다. 이 우주는 하늘과 땅과 사람으로 구성되어 있다. 이 원리를 바탕으로 문자를 만들면 어떨까?'

세종은 하늘의 둥근 모양을 본떠 '•(아래 아)'를, 땅의 평평한 모양을 본떠 'ㅡ'를, 사람이 꼿꼿이 서 있는 모양을 본떠 'ㅣ'를 만들었습니다. 이 기본 글자를 오른쪽, 왼쪽, 위, 아래로 합쳐 모음 11자를 만들었습니다. 자음과 모음만 알면 어떤 글자든 자유자재로 만들 수 있었습니다. 이렇듯 쉽고 독창적인 문자는 이 세상 어디에도 없었습니다. 그렇게 묵묵히 연구한 세월이 10여 년이 되어 갈 무렵, 세종은 '훈민정음' 28자를 완성했습니다.

'이제 날이 밝으면 새 문자를 발표해야 한다.'

세종이 강녕전 뜰을 거닐었습니다. 살을 에는 듯한 쌀쌀한 날씨였지만 추운 줄도 몰랐습니다. 새 문자를 완성했다는 생각에 가슴이 벅차오르면서도, 반대하고 나설 신하들을 떠올리면 벌써부터 걱정이 앞섰습니다.

'내가 왜 그 수많은 시간 동안 새로운 문자를 만들기 위해 애를 썼는지, 그 마음을 헤아려 주면 좋으련만……'

세종이 밤하늘을 올려다보았습니다. 수많은 별들이 어둠을 밝히고 있었습니다. 어린 시절 세종이 왕위에 즉위했을 때 올려다본 하늘과 꼭 같았습니다.

훈민정음의 탄생

훈민정음을 반포하다

"그동안 백성들이 글을 몰라 억울한 일을 당하는 일이 참으로 많았소. 내 이를 안타깝게 여겨 새로운 문자 28자를 지었으니 백성을 가르치는 바른 소리라는 뜻으로 '훈민정음'이라 이르겠소."

1443년 12월 30일, 세종은 여러 신하들 앞에서 새 문자를 발표했습니다. 신하들은 모두 충격에 빠졌습니다. 조선 땅에서 한자가 아닌 다른 문자를 사용한다는 것은 상상도 못 했기 때문입니다. 게다가 세종이 새 문자를 만들고 있다는 사실을 눈치챈 사람은 집현전 학사 몇을 제외하고는 아무도 없었습니다. 신하들은 곧 훈민정음 반포를 찬성하는 무리와 반대하는 무리로 나뉘었습니다.

며칠이 지나자 세종의 책상 위에는 상소문이 수북이 쌓였습니다. 왜 훈민정음을 반포하면 안 되는지 조목조목 트집 잡은 상소문이었습니다.

"어허, 최만리가 반대를 하고 있단 말이냐? 그것도 앞장 서서!"

최만리는 다름 아닌 집현전의 우두머리였습니다. 그가 과거에 급제하여 조정에 들어왔을 때부터 세종은 최만리의 재능을 알아보고 누구보다 그를 아꼈습니다. 그래서 반대파의 선봉이 최만리라는 것을 알았을 때는 몹시 실망스러웠습니다.

세종은 최만리를 비롯해 훈민정음 반포에 반대하는 신하들을 어전으로 불러들였습니다. 이야기를 나눠 그들의 마음을 돌리기 위해서였습니다.

"그대들이 올린 상소를 모두 읽었소. 한데, 써 보지도 않고 이것이 무익한지 어찌 안단 말이오."

아니나 다를까, 최만리가 가장 먼저 아뢰었습니다.

"전하, 일찍이 태종 임금께서는 명나라의 신임을 얻기

위해 지성으로 노력하셨사옵니다. 만일 조선이 명나라의 한문을 버리고 새로운 문자를 만들었다는 소식이 중국에 흘러들어 가기라도 하면 분명 비난을 받을 것이옵니다."

"그대가 뭔가 오해를 한 것 같구려. 과인은 한자를 버리려는 게 아니오. 훈민정음과 한자를 함께 쓸 생각이오. 쉬운 훈민정음은 한자를 배우는 데도 보탬이 될 것이오."

"하오나 전하, 몽골과 여진, 일본과 같은 나라들만이 자기 글자를 갖고 있사옵니다. 이들은 한결같이 오랑캐들이옵니다. 어찌 조선을 오랑캐 나라로 만들려 하시옵니까?"

세종의 눈가가 바르르 떨렸습니다. 세종이 손바닥으로 어좌를 쾅 내리쳤습니다.

"오랑캐? 과인은 그저 백성들이 쉽게 배울 수 있는 문자를 만든 것뿐이오. 설총이 만든 이두에 대해서는 아무런 말이 없으면서 과인이 만든 훈민정음만은 안 된다 하

는 연유가 대체 무엇이오?"

"설총의 이두는 기초적인 한자를 알아야 쓸 수 있기에 한자의 일부로 봐도 무방하옵니다. 그러나 전하가 만드신 언문은 한자와 전혀 상관이 없어 학문을 약화시키는 한갓 잔재주에 불과하옵니다."

최만리는 세종의 말에 꼬박꼬박 반박하며, 훈민정음을 '언문'이라 못 박았습니다. 언문은 상스러운 말을 적는 문자라는 뜻으로, 훈민정음을 속되게 이르는 말이었습니다.

최만리를 비롯한 신하들은 말로는 명나라와의 외교를 염려한다고 했지만, 그 뒤편에는 다른 속마음이 있었습니다. 그들은 지체 높은 자신들이 한갓 일반 백성들 따위와 똑같은 문자를 쓰는 게 싫었던 것입니다. 또한 백성들이 글을 읽을 줄 알면 귀찮고 성가신 일이 계속 생길뿐더러, 나중에는 자신들의 벼슬자리도 위태로울 거라 여겼습니다. 게다가 지금껏 한자를 익히느라 온갖 고생을 했는데 이제와 새 문자를 배우라니, 하늘이 두 쪽 나도 안 될 소리였습니다.

'누구보다도 백성들을 생각해야 할 대신들이 자신의 안위만을 생각하는구나…….'

세종은 신하들의 이기심에 화가 치밀었습니다. 하지만 신하들의 반대는 어느 정도 예상한 일이었습니다. 세종은 지금이야말로 물러서면 안 된다는 것을 잘 알고 있었습니다.

"최만리!"

세종이 최만리를 똑바로 응시했습니다.

"그대가 운서를 아는가? 사성 칠음에 자모가 몇이나 있는지 아느냐 말이다!"

최만리는 입도 뻥긋 못했습니다. 언어학에 대해서는 제대로 공부를 한 적이 없을뿐더러, 알고 있다 한들 세종의 학문이 훨씬 깊었기 때문입니다.

"만일 훈민정음으로 삼강행실도를 번역하여 백성들에게 반포하면 어리석은 남녀가 모두 쉽게 깨달아 충신, 효자, 열녀가 나오지 않겠느냐?"

이에 정창손이 반박을 했습니다.

"삼강행실도를 이미 반포했지만 충신과 효자, 열녀가

나오지 않고 있사옵니다. 이는 사람의 자질이 어떠하냐의 문제이지, 알고 모르고의 문제가 아니라 생각하옵니다."

정창손의 말인즉 어리석은 백성들을 아무리 열심히 가르쳐 봐야 모두 헛수고라는 뜻이었습니다.

"어허, 어찌 선비라는 자가 그따위 말을 지껄이느냐! 미천한 백성일수록 더 소중히 여기고 잘 가르쳐 바른 길로 이끌어야 하는 것을……. 내 더 이상 보고 싶지 않으니 저들을 당장 의금부에 가두어라!"

세종이 벼락같이 호통을 쳤습니다. 하지만 날이 밝는 대로 세종은 그들을 모두 풀어 주었습니다. 비록 괘씸하긴 했지만, 자신과 다른 뜻을 주장했다고 해서 죄를 물을 수는 없었습니다. 다만 용속한 선비 정창손만은 궁궐에서 내쫓았습니다. 아무리 학문이 높고 재주가 뛰어나다고는 하나 비뚤어진 마음을 가진 신하는 필요가 없었기 때문입니다.

최만리는 스스로 관직을 그만두고 고향으로 내려가 그 이듬해에 죽었습니다. 하지만 세종은 최만리가 있던 집현전 부제학 자리를 3년이나 비워 두었습니다. 비록 자신과는 뜻이 맞지 않았지만, 그의 올곧은 정신을 무척 아꼈기 때문입니다.

훈민정음을 만들고, 반대하는 세력까지 모두 물리쳤다고 해서 세종이 마음 편히 지냈던 것은 아니었습니다.

'백성들이야 훈민정음을 그 무엇보다 반길 것이다. 하지만 양반들은 조정 신하들만큼이나 반발을 할 게 틀림없다. 이들 또한 훈민정음을 업신여기며 거들떠보지도 않겠지……. 양반들이 훈민정음을 쓰지 않으면 문자가 정착하는 데 시간이 걸릴뿐더러, 백성들이 미처 익히기도 전에 흐지부지 사라질 수 있다. 훈민정음을 만백성에게 알리기 전에 이와 같은 문제점을 해결해야 한다. 하지만 양반들까지 훈민정음을 익히게 하려면 어떻게 해야 할까?'

세종의 고민은 몇 날 며칠 계속되었습니다. 훈민정음을 만드느라 온갖 병이 깊어졌는데도 자신의 몸은 전혀 돌보지 않았습니다. 세종의 머릿속에는 온통 백성들과 훈민정음뿐이었습니다.

오랜 고민 끝에 세종은 궁궐 안에 '정음청'이라는 임시

관청을 설치하였습니다. 정음청은 훈민정음과 관련된 사무를 보는 곳으로, 세종은 집현전 학사들을 정음청에서 일하게 하였습니다. 집현전 학사들은 이곳에서 세종을 도와 훈민정음을 자세하게 풀이한 『훈민정음 해례본』을 만들었습니다. 한자 옆에 일일이 훈민정음으로 음을 단 『동국정운』도 만들었습니다. '一'자 옆에 '한 일'이라고 적혀 있으니 훈민정음을 뗀 사람들은 누가 가르쳐 주지 않아도 쉽게 한자를 익힐 수 있었습니다. 세종은 『동국정운』을 과거 시험에 쓰게 하였습니다. 과거를 준비하는 양반들은 어쩔 수 없이 훈민정음을 익혀야 했습니다.

이 일로 인해 양반들과 유학자들의 태도가 확 바뀌었습니다. 한문보다 훨씬 쉽고 그 어떤 말과 소리도 글자로 적을 수 있다는 것을 깨달았기 때문입니다. 이러한 노력에 힘입어 훈민정음은 백성들 사이에 빠르게 퍼져 나갔습니다. 이제는 방을 읽지 못해 억울한 일을 당하는 사람이 없었습니다. 한자를 배울 기회조차 적었던 여자들은 훈민정음을 익혀 책을 읽거나 편지를 썼습니다. 훈민정음은 그야말로 세종이 백성들에게 준 가장 큰 선물이었습니다.

하지만 오랫동안 자신의 몸을 돌보지 않은 터라 세종의 병은 더욱 깊어졌습니다. 이제는 앞도 거의 보이지 않았고, 다리가 몹시 아파 가까운 거리도 혼자서는 움직이기 어려웠습니다. 든든한 버팀목이었던 소헌 왕후까지 세상을 떠난 탓에 세종은 몸과 마음이 무척 힘들었습니다.

"향아……."

세종이 세자를 불러 앉혔습니다.

"아비는 더 이상 나랏일을 볼 수 없을 것 같구나."

"아바마마, 어찌 그런 말씀을 하시옵니까? 며칠 푹 쉬시다 보면 곧 차도가 있을 것이옵니다. 부디 마음을 굳건히 하시옵소서."

세종이 입가에 미소를 지었습니다.

"아니다, 아니야. 내 몸은 내가 잘 알지."

세종이 세자 향의 손을 꼭 잡았습니다. 손등 위로 향의 눈물이 떨어져 바닥으로 흘렀습니다.

"울지 말거라. 슬퍼할 것도, 무서워 할 것도, 두려워할 것도 없느니라. 아비는 네가 있어 한결 가벼운 마음으로 떠날 수 있을 거 같구나. 그러니 향아…….”

"예, 아바마마…….”

"백성들을 잘 부탁한다. 이제부터 네가 만백성의 어버이임을 절대 잊지 말거라.”

세종이 향의 손을 꼭 쥐었습니다.

세종은 세자에게 모든 업무를 맡기고 궁궐을 나와 아들들의 집에 머물렀습니다. 맑은 공기를 쐬며 머리를 가벼이 하였지만 건강은 좀처럼 나아지지 않았습니다. 오히려 앓아눕는 날이 점점 늘어만 갔습니다.

어느 날, 병석에 누워 있던 세종의 귀에 재자재자 울어 대는 새소리가 들려왔습니다. 그 소리가 어찌나 맑고 청아한지 세종은 창문을 활짝 열었습니다. 참새 서너 마리가 눈이 두텁게 쌓인 나뭇가지에 내려앉았다 날아올랐다 하며 울어 대고 있었습니다. 그 바람에 나뭇가지에 쌓인 눈덩이가 후드득 떨어졌습니다.

"겨우내 눈이 많이 내렸으니 올해는 풍년이겠구나.”

세종이 흐뭇하게 웃었습니다. 그때 맑은 새소리에 섞여

어렴풋이 아이들의 노랫소리가 들려왔습니다. 높은 담장을 넘어, 노랫소리는 점점 뚜렷해졌습니다.

"가갸거겨."

"나냐너녀."

"다댜더뎌."

세종이 만든 훈민정음에 저희들끼리 가락을 붙여 노래로 만든 것이었습니다. 세종도 들릴 듯 말 듯한 소리로 아이들의 노래를 따라 불러 보았습니다.

임금이 되어 처음 잠행을 나서던 일, 집현전 학사들과 열띤 토론을 하던 일, 훈민정음을 만들기 위해 밤낮으로 글자를 연구하던 일들이 바로 어제 일처럼 눈앞을 스쳐 지나갔습니다.

한 시도 백성을 생각하지 않은 적이 없었건만, 백성을 떠올리면 여전히 가슴 한구석이 아렸습니다. 그런데 이렇게 아이들의 노랫소리를 듣고 있자니 가슴이 뜨겁게 벅차올랐습니다.

'내가 왕위에 오른 지도 어느덧 서른두 해가 흘렀구나……. 가엾은 나의 백성들을 떠올리면 아직도 해야 할

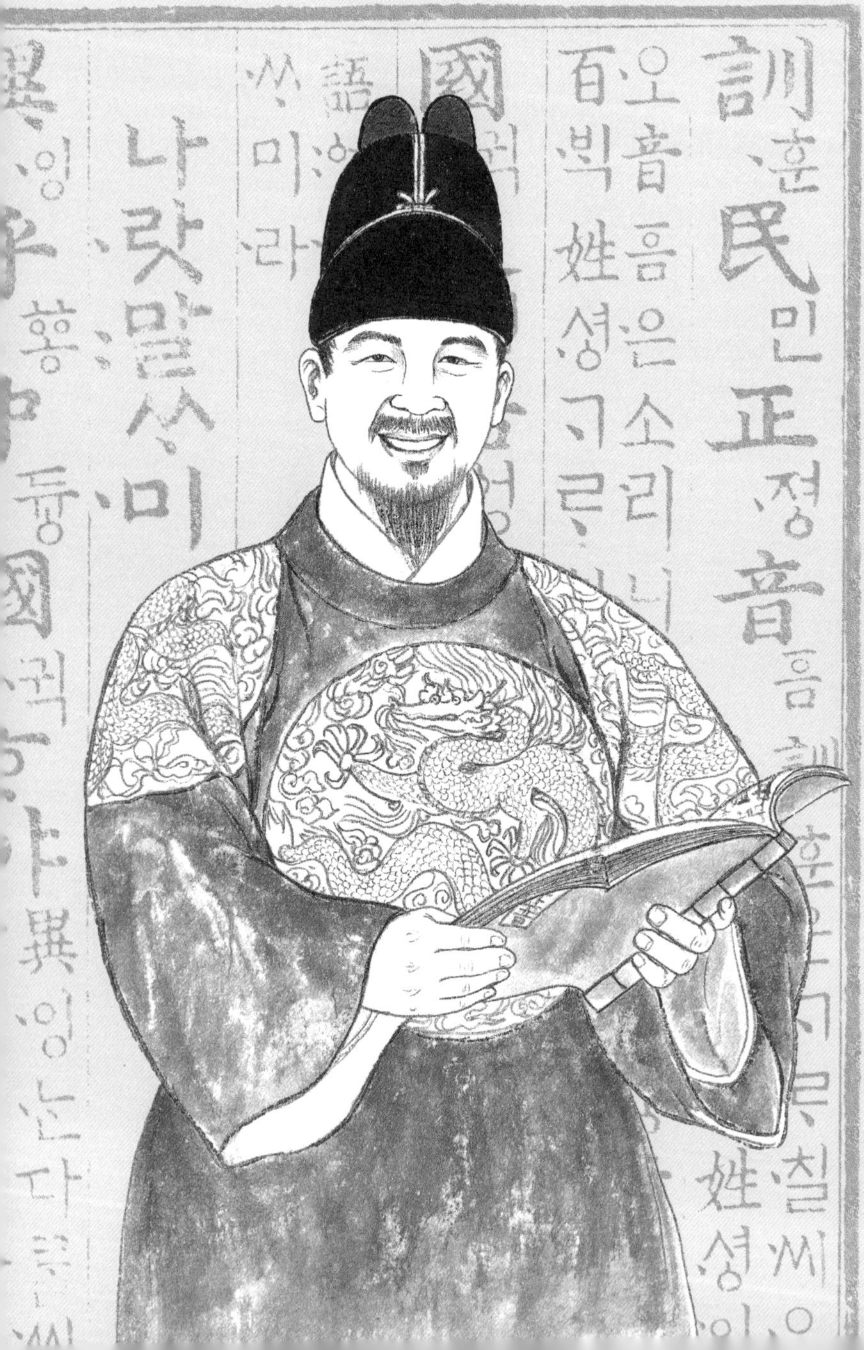
訓훈民민正졍音음

일이 수백 가지에 이르나 더는 그 어떤 것도 할 수가 없다. 내가 떠나더라도 조선의 백성들이 대대손손 굶주리지 않고 사람답게 살아가기를 바라고 또 바라노라…….'

　세종이 조용히 눈을 감았습니다. 1450년 2월 17일, 그의 나이 쉰넷이었습니다.

역사인물 돋보기

세종 대왕 (1397~1450)

백성을 위해 문자를 발명한 세종 대왕은
어떤 시대에 살았으며 그와 함께 조선의 문화를
발전시킨 이들은 누구였을까?
우리 역사상 가장 존경받는 왕,
세종 대왕의 삶을
좀 더 구석구석 살펴보자!

1. 세종 대왕은 어떤 시대에 살았을까?

조선의 건국과 혼란

14세기 말, 400년 넘게 이어져 온 고려 왕조는 큰 위기를 맞았습니다. 나라 안팎으로 혼란이 커지면서 고려를 개혁하려는 세력들이 여기저기서 일어났기 때문입니다. 결국 1392년, 신흥 무장 세력 이성계와 급진파 신진사대부들이 일으킨 혁명으로 고려 왕조가 무너지고 새로운 국가 조선이 세워졌습니다. 하지만 태조 이성계의 자손들 사이에 왕위 다툼이 벌어지면서 한반도 정세의 혼란은 쉽게 가라앉지 않았습니다.

태조 이성계 어진

문화 군주 세종

태종 이방원은 조선의 제3대 임금이 되었습니다. 그의

아들 세종은 아버지가 이룩한 강력한 왕권 위에 풍성한 문화의 꽃을 피웠습니다. 과학자 장영실, 음악가 박연 그리고 집현전의 우수한

집현전으로 사용된 경복궁 수정전
ⓒ ⓘ ⓞ Blmtduddl, 위키미디어

학사들과 함께 조선의 과학·음악·언어 등 여러 분야의 구석구석을 살찌운 세종은 우리 역사상 최고의 문화 군주로 오늘날까지 존경을 받고 있습니다.

세계 최고의 문자 '한글'

세종이 남긴 최고의 업적은 바로 백성을 위해 문자를 발명한 일입니다. 전 세계에 존재하는 수많은 문자를 통틀어 창제자가 밝혀진 문자는 세종의 '훈민정음'이 유일합니다. 훈민정음은 1912년에 이르러 '한글'이라는 이름으로 불리게 되었습니다. 세종이 직접 발음 기관의 구조와 음운의 원리를 연구한 끝에 완성한 한글은 세계적으로도 과학성과 우수성을 인정받고 있습니다.

2. 쏙쏙! 키워드 지식 사전

태종

조선의 제3대 임금인 태종은 1400년부터 1418년까지 조선을 다스렸습니다. 아버지 이성계를 도와 조선 건국에 큰 역할을 했지만 세자 책봉에 불만을 품고 왕자의 난을 일으켜 형제와 이성계의 측근들을 제거했습니다. 임금이 된 뒤, 군사력을 키우고 사법 체계를 공고히 하여 왕권을 강화하였습니다. 세종은 아버지 태종이 닦아 놓은 안정적인 통치 기반 위에서 선정을 펼칠 수 있었습니다.

자격루

자격루 ⓒⓕⓞ Gapo, 위키미디어

백성을 위한 표준 시계를 만들라는 세종의 명을 받아 1434년 기술자 장영실이 발명한 물시계입니다. 세종은 기존의 시계들이 정밀하지 못해 백성들에게 제때 시간을 알리지 못할까 늘 염려하였습니다. 장영실은 일정한 시간마다 수통의 물이 늘어나면서 자격루 속의 쇠 구슬을 떨어뜨리는 원리로 정교한 물시계 '자격루'를 만들었습니다.

측우기

1442년 세종의 아들인 문종이 세자 시절에 고안한 강우량 측정기입니다. 가뭄이나 홍수로 백성들의 생활이 궁핍해질 것을 염려한 세종과 문종은 눈금을 새긴 구리 원통인 측우기를 제작하여 빗물의 양을 기록하게 했습니다. 덕분에 해마다 쌓인 강우량 기록을 통해 기상을 예측하고 백성들의 농사를 지도할 수 있었습니다. 측우기는 세계 최초의 강우량 측정기이기도 합니다.

훈민정음

세종이 창제한 문자로, 자음 17자와 모음 11자로 구성되어 있습니다. 1443년 만들어져 1446년 반포되었습니다. 훈민정음을 한자로 풀이한 『훈민정음 해례본』은 그 역사적 가치를 인정받아 1962년 국보 제70호로 지정되었고, 1997년 유네스코 세계기록유산에 등재되었습니다.

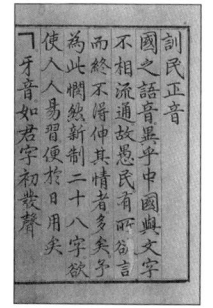

훈민정음 해례본
(간송미술관 소장)

한글날

세종이 훈민정음을 반포한 것을 기념하고, 우리나라의 고유 문자인 한글의 연구와 보급을 장려하기 위하여 정한 날로, 매년 양력 10월 9일입니다. 1926년 조선어연구회가 훈민정음 반포일인 음력 9월 29일을 '가갸날'로 지정하며 시작되어 이듬해 그 명칭을 '한글날'로 고쳤습니다. 1940년 『훈민정음 해례본』의 기록에 따라 10월 9일로 날짜를 바꾸었습니다.

3. 세종 대왕의 조력자들

장영실(?~?)

세종이 등용한 과학 기술자입니다. 기생의 아들로 태어난 천민 출신이었지만 물건을 고치고 발명하는 재주가 뛰어나 세종의 눈에 띄

앙부일구 ⓒⓘⓞ Bernat, 위키미디어

게 되었습니다. 신분을 가리지 않고 훌륭한 인재를 찾던 세종은 장영실을 양민으로 귀속시키고 왕실의 천문 관측과 기상 예측에 필요한 각종 발명품의 제작을 맡겼습니다. 장영실은 우리나라 최초의 물시계인 '자격루', 해시계 '앙부일구', 천문 관측기 '혼천의' 등 셀 수 없이 많은 발명품을 만들며 조선의 과학사를 새로 썼습니다.

정초(?~1434)

조선 전기의 문신으로, 세종의 명을 받고 1429년 조선 땅에 알맞은 농법을 기록한 농업서 『농사직설』을 편찬한 인물입니다. 조선의 풍토가 중국과 다름에도 불구하고 중국의 농업서인 『농상집요』만을 고집하던 전통에서 벗어나 조선의 농업 환경에 맞는 농법을 연구하고 수집하여 완성한 『농사직설』은 전국에 배포되어 백성들의 주업이었던 농사에 큰 발전을 가져왔습니다.

박연(1378~1458)

조선 전기의 음악가로, 흔히 고구려의 왕산악, 신라의 우륵과 함께 우리 역사의 위대한 악성으로 불립니다. 세종의 세자 시절 스승이기도 했던 박연은 세종에게 음악적 재능을 인정받아 조선 시대 음악을 관장하던 관습도감에서 일하게 되었습니다. 과학과 언어뿐 아니라 음악에도 깊은 관심을 가졌던 세종은 박연으로 하여금 이전까지 제대로 정리되지 않은 악보의 체계를 가다듬고 궁중 음악에 필요한 악기와 표준 음계를 만들도록 했습니다.

성삼문(1418~1456)

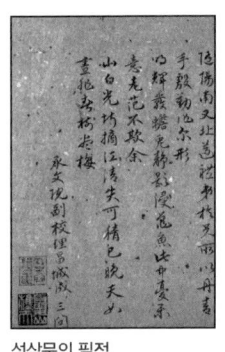

성삼문의 필적
(국립중앙박물관 소장)

1435년 열여덟의 어린 나이로 생원시에 합격한 신동이었습니다. 학식뿐 아니라 인품도 어질었던 성삼문은 3년 뒤 세종의 눈에 들어 집현전 학사로 발탁되었고, 동료 박팽년·신숙주 등과 함께 학문 연구에 전념했습니다. 세종의 명을 받고 훈민정음 창제를 도왔으며, 요동에 유배 온 명나라의 언어 학자 황찬을 방문하여 음운학을 직접 배우기도 했습니다.

4. 한눈에 보는 세종 대왕의 발자취

1397년 한양 준수방에서 왕자 이방원의 셋째 아들로 태어났습니다.

1400년 아버지 태종 이방원이 왕위에 올랐습니다.

1412년 충녕 대군이 되었습니다.

1418년 왕세자로 책봉된 두 달 뒤, 왕위에 올랐습니다.

1429년 정초에게 명하여 『농사직설』을 펴냈습니다.

1433년 장영실이 물시계 자격루를 발명했습니다.

1441년 장영실에게 세자를 도와 측우기를 만들게 했습니다.

1443년 훈민정음을 창제했습니다.

1446년 훈민정음을 반포했습니다.

1449년 훈민정음으로 쓴 『월인천강지곡』을 펴냈습니다.

1450년 여덟째 아들 영응 대군의 집에서 쉰네 살의 나이로 세상을 떠났습니다.

역사를 바꾼 인물들은 도전과 열정으로 역사를 바꾼 인물들의 일생을 만날 수 있는 시리즈로 아이들의 마음밭에 내일의 역사를 이끌어 갈 소중한 꿈을 심어 줍니다.

❶ **이순신**, 거북선으로 나라를 구하다 박지숙 | 학교도서관사서협의회 추천도서
❷ **김구**, 통일 조국을 소원하다 박지숙 | 학교도서관사서협의회 추천도서
❸ **루이 브라이**, 손끝으로 세상을 읽다 마술연필 | 학교도서관사서협의회 추천도서
❹ **세종 대왕**, 세계 최고의 문자를 발명하다 이은서 | 〈국어〉 교과서에 작품 수록
❺ **정약용**, 실학으로 500권의 책을 쓰다 박지숙 | 학교도서관사서협의회 추천도서
❻ **민병갈**, 파란 눈의 나무 할아버지 정영애 | 아침독서 추천도서
❼ **이회영**, 전 재산을 바쳐 독립군을 키우다 이지수 | 학교도서관사서협의회 추천도서
❽ **노먼 베쑨**, 병든 사회를 치료한 의사 이은서 | 학교도서관사서협의회 추천도서
❾ **장영실**, 신분을 뛰어넘은 천재 과학자 이지수 | 학교도서관사서협의회 추천도서
❿ **마틴 루서 킹**, 나에게는 꿈이 있습니다 이지수 | 아침독서 추천도서
⓫ **신사임당**, 예술을 사랑한 위대한 어머니 황혜진 | 학교도서관사서협의회 추천도서
⓬ **헬렌 켈러**, 사흘만 볼 수 있다면 황혜진 | 어린이철학교육연구소 선정도서

이은서 대학에서 문예창작을 공부하였습니다. 2005년 부산일보 신춘문예에 동화 「큰오빠」가 당선되어 창작 활동을 시작하였고, 지금도 꾸준히 어린이책을 쓰고 있습니다. 지은 책으로 『하늘에 새긴 이름 하나』, 『친구야, 넌 어떤 행복을 꿈꾸니?』, 『북한 아이들 이야기』, 『세종 대왕, 세계 최고의 문자를 발명하다』 등이 있습니다.

김지연 대학에서 한국화를 공부하였습니다. 현재는 어린이책, 광고 등에 그림을 그리는 일러스트레이터로 활동하고 있습니다. 그린 책으로 『오리 형제가 습지로 간 비밀』, 『깜깜한 밤은 싫어』, 『조상님들은 일기에 무얼 썼을까?』, 『최인호의 청소년 유림』, 『세종 대왕, 세계 최고의 문자를 발명하다』 등이 있습니다.